白居易

这辈子

张昶 木斋 著

中国言实出版社

图书在版编目(CIP)数据

白居易这辈子 / 木斋 , 张昶著 . -- 北京 : 中国言
实出版社, 2024. 10. -- ISBN 978-7-5171-4954-5

Ⅰ . K825.6

中国国家版本馆 CIP 数据核字第 2024A04V36 号

白居易这辈子

责任编辑：李　岩
责任校对：朱中原

出版发行：中国言实出版社
　　　　地　　址：北京市朝阳区北苑路180号加利大厦5号楼105室
　　　　邮　　编：100101
　　　　编辑部：北京市海淀区花园北路35号院9号楼302室
　　　　邮　　编：100083
　　　　电　　话：010-64924853（总编室）　010-64924716（发行部）
　　　　网　　址：www.zgyscbs.cn　电子邮箱：zgyscbs@263.net

经　　销：新华书店
印　　刷：北京中科印刷有限公司
版　　次：2024年10月第1版　　2024年10月第1次印刷
规　　格：710毫米×1000毫米　1/16　11印张
字　　数：180千字

定　　价：68.00元
书　　号：ISBN 978-7-5171-4954-5

目　录

.1.

壹

白居易身世之谜

01

唐代诗坛，群星璀璨，三大诗人引领风骚。这里我们讲讲唐代三大诗人之一白居易的这辈子。

用今天的话说，白居易算得上是"大唐流行歌手"、"国民偶像"了。白居易在整个中国文学史上的影响力或许超过了今天许多读者的想象。他在古代中国乃至整个东亚文化圈都享有超高的声誉，是一位真正可以和李杜并肩，甚至在某些地方还更有名气的文化巨星。白居易去世后，当时唐朝的宣宗皇帝亲自为他创作挽诗，对白居易的文学成就极为推崇。

白居易在古代很"红"，那他是如何取得这一番成就的呢？

我们从白居易的家世入手，先来"盘盘道"。

唐代宗大历七年（772）正月二十日，白居易出生于河南新郑的一个"世敦儒业"的中小官僚家庭。这一年，李白已经仙去十年，杜甫也已故去两年，"安史之乱"过去不到十年。

白居易远祖出自西域胡姓，后代们深受华夏文化礼俗影响，逐渐演变为"世敦儒业"的书香门第家族。白居易祖父白锽"年十七明经及第"，"有集十卷"，父亲白季庚是"天宝末明经出身"，外祖父陈润同样也是明经出身。明经出身意味着以阅读儒学经典、参加科举、入仕为业，类似于两汉时期的经术家族，所以才说"世敦儒业"。

然而，尽管几代明经出身，白家的胡人血统却暗流涌动，这也决定了白居易终其一生，都在胡人基因的烂漫天性和儒业家庭的克己复礼中对抗与调和。

除了血统和家庭所构成的一个人的原始代码，父母的个性和思想也是一个孩子成长的重要因素。孩子就是父母的作品。是什么样的父母，养育了白居易这样的人？白居易的一生，从父母亲族那里，又是否有迹可循？

普通官僚家庭降生的小男孩，刚一出世，就注定要担负光耀门楣的重任，祖上如果有了厉害人物，那么他这一生的标杆也就有了，终其一生都会被期待。明经出身的祖父和外祖父，再加上同样明经出身的父亲，注定了白居易从出生那一刻起，就要走上奉儒守官的道路，并在无形中要背负复制家族辉煌的重任，如果超越不了父辈、祖辈，那可能一辈子都会打上失败的烙印。

隋朝于大业元年（605）首开进士科，这被视为科举的开始。隋唐时期，"进士科"只是科举各科中的一科，考的是诗赋和策论。

最初，唐代科举考试常科的科目有秀才、明经、进士、俊士、明法、明字、明算等五十多种，其中，明法、明字、明算等科都不被人重视。各科的考试方法、内容也不相同，而且各科的录取标准也有所差别。有的科应试者极少，渐渐被废止。有的则因专业性太强，故而应试者也不算太多。当时最受贡生们欢迎、也经常开考的就是明经和进士二科。

明经科相对容易一些，进士科却是非常难考的。

唐朝的明经科以考查考生对儒家经典的记忆为主，而进士科要考诗赋。进士科之所以难考，是因为诗赋的创作要求比较高，"问策外，更试诗赋各一道"，必须在有限的时间内，作出一首五言六韵（也有四韵八韵等形式，以六韵居多）的格律诗来，所作的赋也是骈文中比较难的律赋，大多要限韵限题。

进士不仅难考，录取率还很低。唐朝杜佑的《通典·选举典》中说："其进士，大抵千人得第者百一二；明经倍之，得第者十一二"。可见进士科录取的比例之低，所以有"三十老明经，五十少进士"的说法。

对于天赋异禀的孩子来说，一定的家族光环，可以促进他们树立远大的理想，并为之燃烧一生。根据白居易和元稹的书信可知，十五六岁的时候，白居易才知道还有另外一种更难的考试叫进士，而且考的就是他擅长的诗赋，只要考上，就可以妥妥地超越祖辈父辈了。想必他心中当即暗暗树立了目标，一定要给白家中个进士，这个光宗耀祖的使命，就落在我辈身上了。

既然父亲是个明经出身的中小官僚，那么白居易未成年时的成长轨迹，注定要随着父亲或祖父为官的地点转移。据白氏《家状》记载[1]，白

---

[1] 见白居易为祖父白锽、父亲白季庚撰写的《太原白氏家状二道》（杨共乐.史学理论与史学史学刊[M].北京：社会科学文献出版社，2023.）

居易祖父白锽[1]罢巩县县令，徙居新郑县，卜居于该县，父亲白季庚[2]为白锽长子，置新宅于东郭村。由此可知，白居易童年时代主要是在新郑县度过。他诗中也是这么记载的："生长在荥阳，少小辞乡曲……去时十一二，今年五十六"。[3]

在这时，白家的大家长还是祖父白锽。大历八年（773），祖父白锽病故，白季庚除服后，调任宋州[4]司户参军，唐德宗建中元年（780），授彭城令。这时候，白居易的父亲白季庚要迎来人生的高光时刻了。

调任宋州的翌年秋，淮宁军节度使李希烈等在徐州一带引发战事，彭城令白季庚说服徐州刺史归顺朝廷，白季庚与徐州军民一起"坚守城池，亲当矢石，昼夜攻拒，凡四十二日，而诸道救兵方至"[5]，白季庚获得朝廷嘉奖，擢拜本州别驾，赐绯鱼袋，此事对时年仅八九岁的白居易来说，应该是影响至为深远。

然而，白居易父亲仕途上这点吉光片羽加起来，都不及生出白居易这样的儿子。白居易后来的名气和成就，绝对远远大于进士和明经之间的距离。太原白家出了个白居易，和眉山苏家出了个苏轼一样，为历史的星空增添了别样的光芒。

和大宋苏轼有个出色的弟弟一样，白居易同样有个优秀的弟弟。白居易本来兄弟四人，其兄白幼文在白居易被贬江州期间就去世了，最小的弟弟白幼美（小名金刚奴）[6]亦九岁早夭，和他一起长大、一起做官、一起写诗作文、一起游山玩水、一起讨论人生意义的，是胞弟白行简。白行简[7]也是当时的诗人，还是小说家。唐代传奇中的《李娃传》《三梦记》就是白行简所著，和白居易的作品一样，都带有一股解放思想的

[1] 白锽（706—773），同州韩城（今陕西韩城）人，生于华州下邽（今属陕西渭南），白居易之祖父。自幼好学，善于文章，尤工五言诗，有集十卷，十七岁明经及第，官至河南府巩县令。

[2] 白季庚（729—794），字子申，华州下邽人，唐朝诗人白居易之父。

[3] 见白居易《宿荥阳》。

[4] 今为河南商丘。

[5] 见白居易《襄州别驾府君事状》。

[6] 见白居易《唐太原白氏之殇墓志铭（并序）》。

[7] 白行简（776—826），字知退，原籍太原（今属山西省），后迁下邽。唐代文学家，白居易之弟。

时代清风，只是白行简的诗名、才名一直被哥哥掩盖了。

不得不说，白季庚很会取名字。白氏兄弟分别名为居易、行简，字分别为乐天、知退，这充分展示了白季庚的思想深度和学识水平，和苏轼父亲苏洵[1]的取名水平难分伯仲。可见，做才子的父亲，取名就是大门槛。做父亲的，会把对人生终极目标的理解和祝福，用在孩子身上。父母认为人生什么最重要、什么最宝贵、什么最值得寄托，就会自然而然地将其用在给孩子取的名字上。

白季庚对这个孩子的祝福就是：居易乐天。人生的意义不可以为物质的、安放形骸的层面所局限，而是要真正体验来人间一趟的美好和快乐，这是白父对白居易深深的祝福。一个人的名字可能真的能构成此人命运的磁场，按照现在的说法，就是什么名字决定什么命运。

白居易这一生，还真就按照父亲的意愿，体会到了形骸在世俗社会中的自洽，也体会到了灵魂在精神世界里的沉浸。前者很好找到佐证，因为这些都是在历史中记载的明确信息。但精神世界里的白居易是否达到了"乐天"的境地，也许不同的人有不同的见解。抽离时代的局限，从历史的天空俯瞰白居易这一生，在前人和同时代人都使尽浑身解数，奉儒守官，把功业人生当成生命价值的唯一时，白居易能够遇到上天赐予的爱情，并把从爱情里学到的功课拓展，引发生命能量进入他的诗学理念、创作实践甚至终身事业，活成一个全新模板的时代先驱。

如果以带有某种局限性的眼光审视，白居易的一生或许遗憾大于美满，其一生颠沛流离、甚少安居，但从某种意义上讲，这也是上天对他无可比拟的眷顾，或许，他真的做到了居易又乐天。

另一位诗人，他的从祖弟白敏中[2]，后来官至宰相。白敏中的父亲白季康，曾任宣州溧水县令，是白居易后来成为进士至关重要的贵人。是

---

[1] 苏洵（1009—1066），苏轼、苏辙的父亲，字明允，号老泉，亦被称为老苏。眉州眉山（今四川省眉山）人。与苏轼、苏辙合称"三苏"。中国北宋文学家，散文家，唐宋八大家之一。

[2] 白敏中（791—861），字用晦，唐代诗人白居易的堂弟。一生经历了唐穆宗李恒、唐敬宗李湛、唐文宗李昂、唐武宗李炎、唐宣宗李忱、唐懿宗李漼六位皇帝，位及宰相，在治国、治军上都有不少建树。

白季康把白居易推荐给宣州观察使崔衍[1]，白居易才获得乡试、会试等资格，一路考到进士。白敏中作为白季康的儿子，也很有出息，在长庆二年（822）考取进士。五年之内，历经十三次升迁，可谓平步青云。白敏中为都江堰水利工程的修缮和拓展，做出了不可磨灭的贡献。白居易的谥号，也是白敏中求得的[2]。

白居易出生后不久，河南便发生动乱，藩镇李正己割据河南十余州，战火遍地，民不聊生。为避战乱，白居易十一岁便随母白陈氏，由河南新郑迁入其父的为官地——宿州符离定居。

02

宿州符离，唐时又叫符离塞，是一处地理形貌较为特殊的地方，当时的风水先生称其为藏龙卧虎之地。之所以称其为藏龙卧虎之地，是因为其北邻徐州彭城，多山岳丘陵，气盛势烈，南为淮北大平原，放眼望去，一马平川，平整得好像锦缎铺就。于是，这个让白居易日后写出"离离原上草"的地方，就成了这位中唐"诗魔"童年的美丽布景。

战火中的孩子，能活着保命就不错了，逃难到符离的白居易，就这么阴差阳错地获得了几年和乡野孩童一样的童年。可想而知，圣贤书是一定耽误了趁早读，据白居易写给好友元稹的书信《与元九书》中自述："十五六，始知有进士，苦节读书。二十已来，昼课赋，夜课书，间又课诗，不遑寝息矣"。可见，白居易傻玩到十五六，才知道有考进士这回事，从此才开始为了应试发愤读书，到二十多岁，就进入了废寝忘食的境界。

然而，这对白居易来说，未必不是一件天大的好事。一个自然的生

---

[1] 见《旧唐书》，崔衍在宣州任职十多年，十分勤俭，使宣州的府库充实。等到穆赞接替崔衍时，宣州年成不好，就从府库中拿出四十二万贯钱来抵百姓的赋税，所以宣州的人没有流散。贞元二十一年，崔衍被下诏提拔为工部尚书。

[2] 白居易谥号"文"，唐宣宗赐，宣宗原名李怡，生于元和五年（810），唐宪宗第十三子。

命在童年所需要经历的一切，比如，对大自然的观察，无忧无虑的嬉戏，孩子之间的无差别交往，都是十分珍贵的。况且，虽然耽误了学习，但是白居易在声律方面的启蒙却丝毫没被耽误，"及五六岁，便学为诗，九岁谙识声韵"[1]，从某种意义上讲，比起"四书"、"五经"的灌输，尽情地玩耍和自在地歌咏，往往是成为一个诗人的前提。

令人意外的是，这段短暂失控的童年时光，却为白居易今后重回"正轨"埋下了巨大的隐患，也成了白居易母亲日后无法心安的源头。即便他三十多岁就高中进士，这在唐代简直是文曲星下凡一般的科考奇迹，却未能告慰为之辛苦付出大半生的母亲。因为白居易为母亲出了一道历史性的难题——儿子爱上了不能娶的女人，该怎么办？

03

如果说，父亲的作用是为孩子提供效仿的榜样，那么母亲的作用，则是在完成传宗接代的使命后，尽量完成这个家族中父辈的托付。白居易的父亲母亲，恰恰就是儒业家庭最标准的配置——有功业在身的父亲，和绝对尽职尽责的母亲。母亲不仅给予儿子生命，对于仕宦家庭而言，母亲还是儿子一生的设计师和总策划。虽然在人生理想、博取功名等方面，母亲对儿子的影响不及父亲，但母亲却可以监督并引导儿子的时间管理、精力分配和注意力方向，还把持着儿子的婚娶大关，更在某种程度上有权管理儿子的女人。白居易这个在学习上特别让母亲省心的孩子，却在婚恋问题上让白母操碎了心，甚至搭上了健康和性命。

儿子的婚姻，为何是白母的雷区？从有据可考的史料来看，白母的婚姻是不合情理的，而且民间流传着一个说法：白母的丈夫是她的舅舅。关于白居易的父亲白季庚是其母陈氏的舅舅这件事，向来有几种说法，占主流的有两种：一种认为，陈氏确实是十五岁便嫁给了丧偶的亲舅舅

[1] 见白居易《与元九书》。

白季庚，这一年白季庚已经四十一岁。另一种则认为，白居易的父亲与母亲并无血缘关系，只是大家族里论辈分来说的舅舅。

中唐时期的官僚家庭，是否允许甥女嫁给亲舅舅？或者只是辈分上是舅舅，但无血缘就可以成亲？这个已经无从考证，主要原因是，古代的女子，哪怕是像白居易这种大名鼎鼎的名人之母，在历史上能够留下来的记载也实在少得可怜，更何况是这种让人讳莫如深的事情，在当时就会想办法遮掩了，绝不会这般白纸黑字的流传下来。但既然传言都传到了二十一世纪，就不能完全视为扯淡。我们今天要探讨的并不是白居易的母亲在十五岁时是否嫁给了自己四十一岁的舅舅，因为不管这件事是否属实，白居易的家族都常年承受着流言蜚语。

中国有句成语，叫作"众口铄金，积毁销骨"。人言可畏，可以达到让金子熔化的程度，连续不断的毁谤，足以致人于死地，可见流言对人的杀伤力。直至今天，我们还会津津有味地说起这样的传闻逸事，可以想象，十五岁就拥有这段惹人争议婚姻的白母，面对村头妇人们喊喊喳喳的议论和指摘，当时承受了怎样的精神压力。

白母后来拼死干涉白居易的婚姻，跟她的婚姻从一开始就承受非议不无关系。

因为不管是否存在舅甥关系，一个无法改变的事实是——白父年长白母二十六岁。嫁给年龄可以做自己父亲的人，在现代社会或许还有可能是因为爱情，但在一千多年前的唐代几乎毫无可能。那么，促成这桩婚姻的大概率只能是父母之命及其背后错综复杂的家族利益原因。十五岁的陈氏对此自然没有什么话语权。不管她内心是否抵触，抑或对婚姻也曾经抱有浪漫的幻想，她都必须接受命运的安排。儒家社会对男性和女性的人生安排，是没有十字路口的，只有心甘情愿地接受和迫不得已地接受两种情况。所以，说服自己，心甘情愿地接受，是让日子过得好一点的唯一办法。

一个女人，一旦接受和服从了这种家族意志，当她后来成为家族的主宰者，就会顺理成章地变成这种意志的坚定捍卫者。外界口水带来的压力也会成为她做贤妻良母持之以恒、坚定不移的动力。白母正是这种性格的人，出于争口气，出于自我防御，她都要追求以她的身份可以获得的崇高荣誉。因为，这已经成了她生命中唯一可控、可求的价值所在。

所以，白母在教导白居易这件事上，极其尽职尽责，甚至到了无可指摘的地步。这在白居易为父亲白季庚写的墓志铭中，清晰可见：

> 别驾府君即世，诸子尚幼，未就师学，夫人亲执诗书，昼夜教导，恂恂善诱，未尝以一箠一杖加之。十余年间，诸子皆以文学仕进，官至清近，实夫人慈训所致也。[1]

白父早逝，白居易和弟弟都还年幼，陈氏亲自教导儿子们。可以说白居易能够成为一个脱颖而出的天才少年，在很大程度上得益于母亲的悉心教导。当然，从遗传学角度，白母的优秀基因也功不可没。

白母去世后，元稹在祭文中提到了白母生前对自己的关心：

> 逮稹谪居东洛，泣血西归，无天可告，无地可依。喘息将尽，心魂以飞。太夫人推济壑之念，悯绝浆之迟。问讯残疾，告谕礼仪。减旨甘之直，续盐酪之资。寒温必服，药饵必时。虽白日屡化，而深仁不衰。[2]

元稹的文字，比白居易的自述更为详细，更富有感情。"推济壑之念，悯绝浆之迟。问讯残疾，告谕礼仪"，描述了白母嘘寒问暖、礼数周全的形象，"寒温必服，药饵必时。虽白日屡化，而深仁不衰"，又从细节上写出了白母对他无微不至的照顾。像这样的话，白居易没有写，或许是面对至亲的离去，词不达意，但是白居易送别生命中他所珍重的其他人，却从来不是这样。白居易是个写情高手，但面对自己的母亲，他的文章

---

[1] 见白居易《襄州别驾府君事状》。
[2] 见元稹《祭翰林白学士太夫人文》。

居然规规矩矩，像一篇官样文章，让人不能不怀疑他们后来的真实关系。

对别人来说，做个好母亲，是一种目标，如果实现，皆大欢喜，如果不能，也无不可。但对于白居易的母亲来说，做个好母亲，是一种盼望，是一种寄托，更是唯一的救赎。只有在恪守妇道的这条路上做到极致，她才能消解掉婚姻里最初的非议。所以，她是不允许自己失败的，更不允许出现任何可能导致失败的隐患。

04

白居易的母亲是一个身世复杂、苦命又不认输的女人，在她身上，我们既能看到封建社会女性身不由己的婚姻宿命，也能看到一个女性在想办法对抗非议和指摘时，唯一能争口气的方式，就是做一个成功的母亲。

那时候，千千万万和白母一样境遇的女性，是怎么理解"成功母亲"的呢？第一，肚子要争气，要为夫家传宗接代；第二，教子要有方，让孩子出人头地、光宗耀祖；第三，要让孩子的婚姻彰显家族的体面。

别看只有三点，不多，但是能做到哪一点都不容易。

白母顺风顺水地完成了前两条后，就更加殷切地期盼完成第三条。只有这样，她才能扬眉吐气，摆脱备受压抑的人生；只有这样，那些非议她的人才会因她的出色表现而为她"正名"。

了解了白母的内心世界，才会对她如此干涉白居易的婚姻产生理解和同情。如果看过徐克导演的《梁祝》[1]，你可能会发现，干涉梁山伯与祝英台婚姻的祝英台母亲，也曾经历过轰轰烈烈的抗婚事件。然而，由于她最终接受了命运的安排，所以后来她才会理所当然地站在自由恋爱的对立面，去棒打鸳鸯。由于自己经历过徒劳的反抗，最终只能听从命运的安排，那么，只有将剥夺当成赐予、将排斥当作接纳，她才能完成

[1] 徐克于 1994 年执导并监制的古装爱情电影。

心中追求的理想和幸福。

那个曾经压制和摆布别人青春和命运的无形之物，这时已牢牢掌握在了白母的手中，成为她剥夺别人自由和爱情的权杖。传统势力生生不息的奥秘由此得以揭开：我也曾抗争过、屈服过、牺牲过，有谁不是这么世世代代顺应门第规则和家族意愿的呢，你又凭什么例外？

白居易呢，他成功地满足了一个母亲对儿子的所有期待（早中进士、早做官、成为家族的荣耀）之后，也成功地瓦解了一个母亲对儿子的所有设想（婚姻顺利、仕途顺利、早生贵子、孝顺懂事），更成功地凑齐了一个母亲对儿子的所有担忧（忤逆母愿、爱上门不当户不对的女孩、晚婚无子、铤而走险）。

在一个人觉得梦想快要成真、死而无憾的时候，却突然遭遇失败，这无疑是致命的。所以相传白母患有精神疾病，常年大呼小叫，这应该不是虚言。

依照原生家庭如何影响孩子性格的思路去思考，白居易前半生的优秀和叛逆，就有了具象化的成因。一方面，白居易的优秀因为母亲的教育而顺理成章，另一方面，他为了反抗母亲的压制，逐渐生成了一种对抗情绪困境的能力。他和母亲的关系，就是他的个体生命和整个社会环境关系的缩影。

从这个角度看，白居易在符离[1]避难期间，爱上出身平民的邻家女孩湘灵，既是身世的意外，也是宿命的必然。

---

[1] 白父守徐州有功后，为躲避徐州战乱，把家中的老弱妇孺一起送到了相对安全的徐州符离县城东毓村（今宿州市埇桥区古符离东菜园村）。

贰

白居易初恋之谜

01

战争给了白居易能够亲身体验的苦难教育，也给他提供了一般官僚子弟无法接触到的乡野生活。

在避难的乡下符离，他遇到了邻女湘灵。年轻人的世界是没有阶层意识的，凭借感觉与性情，就会自然而然去接触自己喜欢的人。

于是，一段身份地位全然不匹配的青梅竹马恋情，就这样出现了。这段青梅竹马的经历，对于白居易所处的时代来说，甚至对于白居易本该按部就班展开的人生来说，都绝对是一个意外。后人在评价白居易时，即便面对其如此多的相关作品，也还是选择忽略它们，或者淡化它们的影响，以免毁坏白居易留在人们心中的形象。从世俗的角度看，这段恋情是白居易一生的隐患；从诗人的角度看，这段恋情是白居易一生的宝藏；在白居易自己看来，这段恋情是他一生最难念的经，直到生命的最后，他也没有念好这段经文。

白居易和湘灵之间的恋爱经过是这样的：二十岁左右与湘灵初识，这一年湘灵十五岁，此时的白居易正"昼课赋，夜课书，间又课诗"[1]，一颗耀眼的士大夫新星正在蓄力升起，却"墙头马上，初识湘灵"——就好比孩子马上就要高考，却突然谈恋爱了。

而湘灵究竟有什么样的魅力，能让白居易像少年维特一样，为之痴恋半世、烦恼一生呢？我们能否在白居易的作品里，拼凑出湘灵的形象呢？好在，白居易是一个心里藏不住事的人，他和曹植[2]一样，在所作的诗中反复出现了一个相同的身影。这个身影是谁？不用猜，就是湘灵。

湘灵最完整的形象记录在《邻女》一诗中，这也是白居易与湘灵初见时一眼万年的印象："娉婷十五胜天仙，白日姮娥旱地莲。何处闲教鹦鹉语？碧纱窗下绣床前"。此诗写明"邻女"——一个十五岁的少女，娉

---

[1] 出自白居易《与元九书》，元九指元稹。

[2] 我国三国时期文学家、诗人、音乐家，曹操之子，有《洛神赋》《美女篇》等作品，谢灵运称之为才高八斗。

婷胜天仙，以旱地莲形容，其美可知。"碧纱窗下绣床前"，这样的画面和场景，白居易同样写进了和元稹说悄悄话的《和梦游春诗一百韵》中："遥见窗下人，娉婷十五六。霞光抱明月，莲艳开初旭。缥缈云雨仙，氛氲兰麝馥"[1]。很显然，该诗中的窗下人，和邻女是同一个人。

"存亡感月一潸然，月色今宵似往年。何处曾经同望月，樱桃树下后堂前"[2]，这首诗应该是白居易对两人热恋时期、在后堂前的樱桃树下依偎望月的美好回忆。

"斜凭绣床愁不动，红绡带缓绿鬟低。辽阳春尽无消息，夜合花前日又西"[3]，此一首当是写两人在同居之后的两地分别之苦，是白居易对湘灵日日夜夜思念郎君的悬想描写。此时的白居易在创作描写相思的诗句时，还在沿用对写的传统手法。

已经到了知天命的年纪，白居易仍然在回忆中上演着和湘灵初识的"电影桥段"："菱叶萦波荷飐风，荷花深处小船通。逢郎欲语低头笑，碧玉搔头落水中"[4]，此诗一般认为是白居易在江州时期的作品，应该是白居易对当年和湘灵在荷花深处嬉戏的回忆，细节颇为真实。为何身处江州、正遭遇贬谪的白居易会重拾这份初恋的记忆？后文会有详细论述。

通过上述白居易对湘灵的描述，可以看出，白居易迷恋湘灵的理由是不出所料的——这女孩漂亮，漂亮得像天仙一样。白居易用娉婷、天仙、姮娥这样的词汇形容她的美貌，而且她所出现的场景，不是"菱叶萦波"就是"碧纱窗下"，要么就是"月色今宵"、"樱桃树下"，总之，氛围美好，人也美好。何况这女子神态娇羞，天真可爱，能够满足男人对初恋女神的全部想象。在张爱玲把男人的初恋定义为"白月光"时，一千多年前的白居易就已经写出了具体的"白月光"。

在白居易的讽喻诗《井底引银瓶》中，像素级还原了他们初见时候的惊鸿一瞥："忆昔在家为女时，人言举动殊有姿，婵娟两鬓秋蝉翼，宛

---

[1] 见白居易《和梦游春诗一百韵》。

[2] 见白居易《感月悲逝者》。

[3] 见白居易《闺妇》。

[4] 见白居易《采莲曲》。

转双蛾远山色"，就是说在符离老家、白居易隔壁，住着一个特别漂亮的小姑娘，举手投足都让白居易痴迷，但是小姑娘还不认识白居易，只是在院子里嬉笑玩耍，白居易就隔着墙听她的笑声。有一天，小姑娘站在矮墙上抚弄青梅，这时白居易恰好骑着白马经过，"墙头马上遥相顾，一见知君即断肠"，两人平生的第一次对视，就成了一段绝恋的开端。

此时的白居易，正忙着读书应试。无论是谈恋爱，还是考科举，都需要全身心投入，所以，白居易成了大忙人，智商和情商都逐渐开发到了极限。

白居易的叔父白季康居官溧水，此地属宣州管辖。当时的宣州刺史崔衍和白季康是同僚，有了这层关系，白居易可以参加"乡试"。白居易在《与元九书》中所说的"二十七方从乡试"，指的就是这件事，这为白居易参加"州试"创造了条件。随后，白居易在浮梁会见了白幼文。第二年春天，也许是去探望母亲，他回了洛阳，随后又匆匆奔往宣州，参加"州试"，这一次他被宣州刺史崔衍录取了。但是他似乎没有表现得太高兴，回到洛阳后不久，就去长安等候进士考试了。

恋爱中的白居易和湘灵，就是在这聚散的间隙中，抓紧时间谈情说爱。约会时的甜蜜或许都没有离别后的痛苦多，但恋爱中只要还有一刻钟的甜蜜，就值得沉溺其中的人为之承受更多等待的痛苦。

白居易的《将之饶州，江浦夜泊》，也是写于这个背景：

明月满深浦，愁人卧孤舟。

烦冤寝不得，夏夜长于秋。

苦乏衣食资，远为江海游。

光阴坐迟暮，乡国行阻修。

身病向鄱阳，家贫寄徐州。

以往的传记普遍认为，白居易这种灰暗的心情，是来自其对未知前途的担忧和对贫困家庭的责任。但其实还有一个更重要的原因，那就是一个热恋不被允许的人，被迫踏上辗转漂泊的旅程，他的内心总会有一种挥之不去的抽离感，而对恋人的想念则会加剧他形单影只的孤独感。"家贫"二字，表明他意识到自己身上有着不容推卸的重振家族的责任，不允许他耽溺于温柔乡里。

02

我们可以把白居易的赶考岁月概括为天才少年的得意与失意。得意之处有多得意，失意之处就有多失意。对于唐朝的官宦子弟来说，婚姻和科举一样，是人生必须完成的任务。而白居易早慧带来的这段自主的感情，完全是白费力气的、被禁止的、不为家族所容的。这就不难理解，白居易在写诗回忆二十九岁的长安科考岁月时，怎么会那么悲伤痛苦，没有丝毫壮志凌云的豪迈。

他眼睁睁地看着自己将要走进入世的桎梏，埋葬人生的爱情和自由，可是这种痛苦却无法表达，因为在他之前，没有"榜样"可以效仿。没有人"公开"经历过这样的精神内耗，他的痛苦是世人无法理解的，甚至今天的大部分人，都会嫌弃他的"恋爱脑"。

贞元十六年（800）正月，白居易在长安等候进士考试时，写下了一首《长安正月十五日》，表达了自己灰暗的心情：

> 喧喧车骑帝王州，羁病无心逐胜游。
> 明月春风三五夜，万人行乐一人愁。

很多人觉得白居易之所以是这个状态，原因是他应考紧张，对自己落魄的现状感到窘迫和惆怅。然而，我们看看这一阶段白居易的人生主题就明白了。白居易此刻的心情，完全不是因为考试紧张，而是因为他正在经历一场由命运取舍带来的分裂。站在不得不忍痛割爱与少年耽溺于情爱、渐行渐远的岔路口，他的体会就是"万人行乐一人愁"。在《长安早春旅怀》中，再次印证了他的这种心情：

> 轩车歌吹喧都邑，中有一人向隅立。
> 夜深明月卷帘愁，日暮青山望乡泣。
> 风吹新绿草芽坼，雨洒轻黄柳条湿。
> 此生知负少年春，不展愁眉欲三十。

白居易这少年壮志的人生起点，从一开始，便有一种意难平。这种意难平始终带给他一种抽离感，让他在众人期盼的锦绣征程的开端，总是怀揣着一个顽固而叛逆的想法。他无法忽略内心的思念，又不敢违抗世俗的观念和家族的厚望。最重要的是，在他内心深处，没有力量去为了爱情而破釜沉舟，更不能与整个世界对抗。

他想两者都要，但无法兼得，放弃爱情成了他人生的唯一"正道"。正如他的诗句中所写："此生知负少年春，不展愁眉欲三十"。他的少年浪漫、浓烈情爱，只能在这个年近三十岁的春天辜负了。他的时代、家族、血脉早早为他选好了人生定位——"仆本儒家子，待诏金马门"[1]。

白居易这个时候读的书，当然是以儒家经典为主流，这一方面是为了应试，另一方面他也理所当然地认为，这些先王之道是人的立身之本，是做人的基础。无论能否达到儒家追求的"三不朽"，作为一个读书人，也应该朝着这个方向努力。

这段随时都可能没有明天的恋情，白居易从二十七岁坚持到了三十三岁，曾经几次被动或者主动地选择"快刀斩乱麻"式的分手，认为长痛不如短痛，却都没能敌过初恋那种热烈的黏性。从年谱上看，白居易从二十二岁到二十九岁，一直和湘灵聚少离多，但却在聚少离多中一直藕断丝连。离别，也考验了他对湘灵的感情，终于演化到了海誓山盟的地步。

---

[1] 见白居易《郡中春宴，因赠诸客》。

白居易二十二岁时短暂地陪伴母亲前往襄阳，也许和弟弟白幼美的夭折有关。二十三岁父亲离世，葬父后回符离守丧，与湘灵重逢。丧满后，两人就私订终身了。两人是否在守丧期间就越过了大防，这是个未解之谜。封建礼教下，私订终身是不可能岁月静好的。

白居易只身去浮梁期间，写下了两首极为直露的诗作：

《寄湘灵》

泪眼凌寒冻不流，每经高处即回头。

遥知别后西楼上，应凭栏干独自愁。

《寒闺夜》

夜半衾裯冷，孤眠懒未能。

笼香销尽火，巾泪滴成冰。

为惜影相伴，通宵不灭灯。

白居易此时此刻深陷感情的执念，在无数个不眠之夜，都在宣泄自己的不甘心、舍不得，还有对这段感情的矢志不渝。远走他乡的他，一步三回头，每次登高都在寻找同一个熟悉的身影。别后的西楼上，一个人形单影只，被愁绪淹没，无药可医。最折磨人的要属漫漫长夜，失去伴侣的体温，自然孤枕难眠，尤其是夜半时分，衾裯寒冷，泪滴成冰，为了消灭那种孤独的折磨，白居易通宵不灭灯，就为了对影成双，假装自己不是孤单一个人。

儒业家庭出生的小孩，他的人生注定是一条没有十字路口的大道。西方哲学中探讨的人生选择问题，在中国的士人群体中是不存在的，人们不是遵循大道，就是偏离大道。要选择大道之外的其他"路线"，都不是真正的道，而是一种失败。

在一个没有其他选择的时代，白居易这种站在大道上徘徊不定的状态，注定是不能被理解的。他那种来自人性深处的内在力量，只能让他处于一种难以名状的悲伤情绪中。于是，那些留在诗作中的灰暗、悲伤，只能被解读为备考紧张、穷困潦倒带来的感受。这是一直以来我们信守对历史、对文学一元的、肯定的秩序带来的结果。

03

其实要理解白居易这个阶段的内心世界，我们不妨多一点现代人的眼光，用流行音乐里常有的爱恨情仇去解读，就会理解一个更为完整、立体的白居易。文学史中有一个奇怪的现象，白居易作为最负盛名的讽喻诗人，他最走红的却是《长恨歌》《琵琶行》之类的"通俗"文学作品。年少有为的愤怒青年，和缠绵悱恻的爱情叙事歌主，好像是两个完全不同的人。而从这个角度再去看白居易，他的完整和立体才会复原。可以说，走上科场、穿上官袍的时候，白居易是为别人而活的自己；在夜深人静、形单影只的晚上，为自己难以为继的爱情写苦情诗的时候，才是白居易真实的自己。他就是大唐的李宗盛。他做自己的时候，写的都是"给自己的歌"[1]。

在学习自制力方面，白居易的确能力较弱，一段门不当户不对的感情，他就是分不成手。一来二去，第一次大张旗鼓的两地分居，不仅没能结束这段关系，反而更牢固了！如果这段感情在白居易的一生中戛然而止、就此消失，如果他及时止损、悬崖勒马，说一句"初恋时不懂爱情"，转身奔赴远大前程，那么白居易和六朝那些热衷写宫体诗的男人，和他的好朋友元稹，和元稹塑造的小说人物张生，和后来那些科举路上空虚寂寞冷、意淫会有狐仙自荐枕席的穷酸学子，就不会有本质区别。

---

[1] 李宗盛的歌曲名。《给自己的歌》从歌名上就明说是"给自己的"。年过半百的李宗盛给"别人"写过无数好歌之后，面对人到中年的自己，冷静出手，挖出自我深藏的所有情绪，深刻入骨，字字如锥。且歌词用语平实，句句押韵，白话如诗。

如果有情人都能做到发乎情止乎礼，这世间得少了多少故事！

不知道是白居易对母亲做出了什么承诺，还是白母为了不耽误儿子好好读书备考而采取了什么迂回策略，总之，这次家长干涉，没能将这段不合礼法的"孽缘"赶尽杀绝——白居易在一年后，重新返回符离。

或许白母认为，只要儿子顺利考中进士，这段感情自然会无疾而终。白居易当然也明白，按照母亲的态度，迎娶湘灵是不可能的。但热恋中的人，多一分钟也是赚来的，不到最后迫不得已的时刻，白居易不想放手。

事实上，"恋爱脑"并没有影响"学霸"白居易的成绩。

这一次考中的只有十七人，白居易名列第四。从年龄上说，十七个人里数他最小。在那届科举中，白居易可以称得上是个奇迹。为什么呢？

当时的科举考试不像现在，应届生大多是同一年龄段的。在当时，能通过层层选拔从地方考到京城，多数人要经历大半辈子，而即便一把年纪杀入了进士考试，也很少有人能一次成功。写"春风得意马蹄疾，一日看尽长安花"[1] 的孟郊，是四十六岁才中的进士。唐宋八大家之首、百代文宗韩愈，考了四次、落榜三次才中的进士。

白居易考中后写了这样一句诗，"慈恩塔下题名处，十七人中最少年"[2]。可见，他对自己取得的成绩也是相当得意的。虽然他并不是科举史上最年轻的进士，但在疯玩一整个童年再加上沉浸式谈一场死去活来的恋爱后，还能一战通关，这几条叠加，白居易确实创造了奇迹。

雁塔，就是西安慈恩寺内的大雁塔，是唐高宗永徽三年（652），为保存玄奘由印度带回的佛经而建造的。唐中宗神龙年间，进士张莒游慈恩寺，一时兴起，将名字题在大雁塔下。不料，此举引得文人纷纷效仿。尤其是新科进士，更把雁塔题名视为莫大的荣耀。他们在曲江宴饮后，集体来到大雁塔下，推举善书者将他们的姓名、籍贯和及第的时间用墨

---

[1] 见孟郊《登科后》。

[2] 见白居易《雁塔题名》。

笔题在墙壁上。这些人中若有人日后做到了卿相，还要将姓名改为朱笔书写。

在当时，仅仅中进士是无法直接授官的，还必须要通过吏部的分科考试。及第后，白居易回到了符离。白居易和湘灵这种失而复得、却仍旧没有明天的感情，越是禁忌，越为炽热。但再炽热，也如同芯短焰长的蜡烛，终究是快要燃灭了。

我们再看这首《长相思》，这正是他金榜题名后的状态：

> 九月西风兴，月冷霜华凝。
>
> 思君秋夜长，一夜魂九升。
>
> 二月东风来，草坼花心开。
>
> 思君春日迟，一日肠九回。
>
> 妾住洛桥北，君住洛桥南。
>
> 十五即相识，今年二十三。
>
> 有如女萝草，生在松之侧。
>
> 蔓短枝苦高，萦回上不得。
>
> 人言人有愿，愿至天必成。
>
> 愿作远方兽，步步比肩行。
>
> 愿作深山木，枝枝连理生。

如果从这首诗再看不出白居易此刻的烦恼是什么，那就是故意的了。在这首诗中，白居易坚定而决绝地书写了自己的爱情宣言："人言人有愿，愿至天必成。愿作远方兽，步步比肩行。愿作深山木，枝枝连理生。"

这时的白居易已经三十来岁了，中榜后，他回符离接上湘灵再回长安，途经洛阳的时候，写下了这首著名的《长相思》。

这是一个明明两人同行却无法耳鬓厮磨的夜晚，"妾住洛桥北，君住洛桥南"，这座桥成了地上的银河，把白居易在世俗世界里无法明媒正娶湘灵的阻碍具象化了。

他虔诚地向上天许愿，许的是什么愿呢？不是官运亨通，不是出人头地，而是祈祷他和湘灵的爱情可以长长久久——愿作"步步比肩行"的远方兽，愿作"枝枝连理生"的深山木。只要能不被拆散，对他来说就是天堂。

做动物、做植物要比做人轻松多了，对远方兽、深山木来说唾手可得的愿望，对他们来说却是可望而不可即，为什么"蔓短枝苦高，萦回上不得"？不就是因为他们之间有着不可逾越的阶层鸿沟吗，这也许就是白母坚决要拆散他们的原因。可是又能怎么办？白居易还没初出茅庐、名震天下，就先尝到了成长注定要经历的痛苦。

他人对白居易的愿望和祝福，要建立在他亲自割裂这段感情的基础上，可一旦割裂了这段感情，他是否就如圣贤教导的那样，迷途知返、得道成贤了呢？

白居易来到长安，再考吏部书判拔萃科[1]。这一次，他和同时代所有进入京城科场的学子一样，要通过考试博一个灿烂的未来。如果他考上了，他的命运就会改写，他就真的光耀门楣了。然而同时，他和湘灵就真的再也没有可能了。

他两个都想要，怎么办呢？

04

这一年白居易三十一岁，录取八人，他又考中了。与他同时登科的，还有元稹。

白居易又创造了一个奇迹，中进士两年后一战通关，比他大四岁的韩愈，吏部考试三次都没能通过，整个科考之路长达十五年，最后通过做幕僚才走进官场，可见，这比登天还难的考试，白居易是三下五除二

[1] 当时中进士后要参加这项考试才能正式授官。

就通过了。对白居易来说，怎样才能把湘灵留在身边，比起这考试，似乎要难多了。

总之，在过去的这十余年间，白居易顺利完成了读书、科举（明经、乡试、科考、吏部分科）等一系列人生大事。同时，情窦初开的他，也完成了和初恋情人的相遇、重逢、同居、热恋和分手。我们暂且把白居易的科举之路称为第一考场、情爱之路称为第二考场。从第一考场的情况看，白居易的表现甚好，绝对称得上脱颖而出，甚至可以说是唐朝少年得志故事中的一大奇迹。但是从并行的第二考场看，白居易一直在试图克服外界的干扰，在无穷无尽的烦恼和颠沛流离的行程中，殚精竭虑，坚持恋爱，最后仍然以失败告终。

以往，我们只看到了白居易在第一考场上的节节胜利，殊不知，白居易的人生远不止仕宦名利这一个考场。在第二考场上，他辗转反侧、苦苦求索，以至早生华发，却一直没能改变自己失意的命运和痛苦的结局。

也许正是因为白居易提前打开了这张超前的考卷，才使得他在应付世俗考试时，显得举重若轻，从容自如。

05

人性中自然滋生的美好情感，经历非自然的残酷剥夺，会让一个人失去生机。失去生机的生命，灵魂会充满求生欲，所以，一个失恋青年会自然而然地走向宗教。白居易少年时，正值唐德宗时期，佛教是当时文化非常重要的组成部分。但是，流行归流行，对于其中涉及"三观"的矛盾之处，多数人是不去较真的。年轻的白居易也是。佛教思想给白居易上的第一课就是，去凝视一朵花，去体会此身此时此刻，去活在当下，例如这首《感芍药花，寄正一上人》：

今日阶前红芍药，几花欲老几花新。

开时不解比色相，落后始知如幻身。

空门此去几多地，欲把残花问上人。

那时候的白居易，已经脱离了道学家咏物言志的习惯。从他此时对花的凝视可以看出，他虽已脱离了儒生说教的传统，但还局限于观察物象的阶段："开时不解比色相，落后始知如幻身"，这种状态和苏东坡少年得志、写"人生到处知何似，应似飞鸿踏雪泥"[1]时的心境有些相似。

人生大幕才刚刚开启，今后究竟会是什么样，还都是未知，但灵魂深处的宿慧，会让人产生一些未卜先知的了悟。就像苏东坡看到飞鸿在雪泥上留下的爪印，会联想到这一生也许就是这样，只是在泥地上留下几个痕迹。直到经历了黄州惠州儋州，才知道生命果然如最初时候的想象，不过是一场大梦而已。

白居易凝视一朵花时，会想到人这一生或许就像这朵花：开的时候对自己的色相不自知，凋落之后才知道原来这不过是空幻一场。"空门此去几多地，欲把残花问上人"，从中可见白居易对生命真谛的求索与渴望。

后来，当年过半百的他历尽劫难归来，把平生所学融会贯通，就形成了历尽千帆之后的生活观，例如这首《逍遥咏》：

亦莫恋此身，亦莫厌此身。

此身何足恋，万劫烦恼根。

此身何足厌，一聚虚空尘。

无恋亦无厌，始是逍遥人。

"无恋亦无厌"，是他在经历了一番痛彻心扉的恋厌征战后，对人生状态的一种领悟，而这种归于"无"的智慧，可不是年纪轻轻就可以效

---

[1] 见苏轼《和子由渑池怀旧》。

仿的，它需要经历一番漫长曲折、恋厌交织的苦痛，才能最终知行合一，达到逍遥。

但是，此时的白居易还只站在人生的开端，他这个阶段的诗作透露出这样的信息：喜乐的是别人眼中的自己，痛苦的是自己眼中的自己，例如这首《及第后归觐，留别诸同年》：

> 十年常苦学，一上谬成名。
> 擢第未为贵，贺亲方始荣。
> 时辈六七人，送我出帝城。
> 轩车动行色，丝管举离声。
> 得意减别恨，半酣轻远程。
> 翩翩马蹄疾，春日归乡情。

很多人读白居易这首诗，会觉得"十年常苦学，一上谬成名"是一种文人的谦虚和"凡尔赛"，实际上，这首诗非常形象地描绘了白居易一路科考、一路中举，被众人推着走上这条路的身不由己。而走上这条众望所归之路的白居易，自然也体会到了被赞美和羡慕环绕的迷醉感，"时辈六七人，送我出帝城"。这个天之骄子非常生动地写出了科考胜出后被族亲们高看一眼的感觉，那种光耀门楣的得意，那种付出得到回报的价值感，也构成了他意气风发的一部分："得意减别恨，半酣轻远程，翩翩马蹄疾，春日归乡情"。

白居易自始至终都是一个具有很强感知力的人，他写出了得意也写出了离恨，写出了登科的喜乐也写出了眷恋的乡情。比起孟郊的"春风得意马蹄疾，一日看尽长安花"，他的诗感情要更复杂、更真实。孟郊是激烈的、冲动的、狂喜的、全力奔赴的，而白居易却是如释重负的、喜忧参半的，这和两个人不同的性格、不同的人生底色和不同的际遇都有关系。

06

　　三十三岁这一年，白居易已经实现了鲤鱼跃龙门，然而，这意味着他的爱情也走到了尽头。本来已经不可逾越的阶层差距，现在变得更加不可逾越了。我们不知这段挣扎的最后一丝力气是如何耗尽的，总之，白居易和湘灵彻底分手了，分手的标志是"以镜赠别"。分手的地点，或许就是白居易的祖宅所在地——下邽。一首《留别》，记载了这个瞬间：

> 秋凉卷朝簟，春暖撤夜衾。
> 虽是无情物，欲别尚沉吟。
> 况与有情别，别随情浅深。
> 二年欢笑意，一旦东西心。
> 独留诚可念，同行力不任。
> 前事讵能料，后期谅难寻。
> 唯有潺湲泪，不惜共沾襟。

　　白居易说，秋天到了、天气转凉，就把凉席收起来，春天来了、天气变暖，就把厚被子撤下去。对待这些没有感情的物品，在换季收纳的时候，都会感慨一番，何况我们是有那么深厚感情的恋人。我们之间的感情有多深厚，离别时的痛苦就有多深重。这两年的快乐时光、欢愉记忆，在这样一个平常的早晨，就彻底结束了，就像一颗心被分成了两半。

　　"独留诚可念，同行力不任"，就把这段感情埋在心底吧，我想要坚持下去，却实在无能为力。曾经发生过的事，都在意料之中，可是接下来会发生什么，我却全然不知。唯有任由泪水尽情流淌，最后一次混合在一起，沾满我们的衣襟。

　　在《以镜赠别》中，白居易又进一步记述了细节：

> 人言似明月，我道胜明月。

明月非不明，一年十二缺。

岂如玉匣里，如水常澄澈。

月破天暗时，圆明独不歇。

我惭貌丑老，绕鬟斑斑雪。

不如赠少年，回照青丝发。

因君千里去，持此将为别。

这首诗好像是在模拟湘灵的口吻，或者是湘灵临别前给白居易的最后赠言。如诗中所述，女子说，人们都说这镜子像明月，可我觉得它更胜明月，明月一年中有十二次缺损，可是我的明镜在玉匣中，却一直如水一般清澈，即便月缺之时，它仍然是圆满的。如今的我自惭年老貌丑，不如把镜子留给少年得志的你，去照你那依然可称为青丝的头发。

之所以认为这是白居易和湘灵临别前的对话实录，是因为"我惭貌丑老，绕鬟斑斑雪。不如赠少年，回照青丝发"这样的语言，更像是出于身处劣势的女方之口，如果是白居易因科举高中和家庭干涉，就和情人说我变老变丑了，你拿着镜子，找更年轻的小鲜肉去吧，那实在过于无耻了。

白居易还将这种别离的剧痛反复写，从各个角度写，请看这首《潜别离》：

不得哭，潜别离。不得语，暗相思。两心之外无人知。

深笼夜锁独栖鸟，利剑春断连理枝。

河水虽浊有清日，乌头虽黑有白时。

唯有潜离与暗别，彼此甘心无后期。

这首诗强调，他和湘灵这场恋爱，收场时最痛苦的地方，不是明明双方深爱却不得不分开，而是就算决定了要分开，也只能暗暗道别，连尽情哭都是不被允许的。为了名声，为了避免他人的指摘，他们有泪却不能哭、有话却不能说，只能潜别离、暗相思。这种不被世人理解的痛苦，先是直白地宣泄，宣泄之后还不过瘾，又要通过意象进一步说明，"深笼夜锁独栖鸟，利剑春断连理枝"。诗人说，他的感觉，就像是独自栖息的鸟，即便是深夜却还要被牢笼锁住；又像是在万物恣意生长的春天，被利剑砍断的连生在一起的枝干。

搅浑的河水会有变清的时候，乌黑的头发也有变白的一天，而诗人面对着潜离与暗别，却只能绝望地接受，他知道再也没有后会有期的那一天了。《潜别离》之后，白居易又写了《生离别》：

食檗不易食梅难，檗能苦兮梅能酸。

未如生别之为难，苦在心兮酸在肝。

晨鸡再鸣残月没，征马连嘶行人出。

回看骨肉哭一声，梅酸檗苦甘如蜜。

黄河水白黄云秋，行人河边相对愁。

天寒野旷何处宿，棠梨叶战风飕飕。

生离别，生离别，忧从中来无断绝。

忧极心劳血气衰，未年三十生白发。

《生离别》可谓是《潜别离》的续篇。"悲莫悲兮生别离"，这是战国时期的屈原为中国诗人写下的诗歌母题，《生离别》从另一个角度，展露了这场别离深沉的悲哀。

诗人将这种肝肠寸断的感情极尽真实又精确地书写了出来，第一句说，如果你还不知道生别离是一种什么体验，那我告诉你，那感觉就是："苦在心兮酸在肝"。

清早鸡叫，离别的时候到了，要把离人拉走的车马不停嘶喊，要走的人不敢回头，怕回一下头就会哭出声来，那种滋味，能将梅酸檗苦衬托得甘甜如蜜。最后的时刻，两人伫立在黄河边上，苍白的语言已经不能表达什么，只能一起站在河边，面对面共同承受离愁。这种生别离的痛苦和悲伤，和死别是不一样的——死别之痛至少还有终期，可是对于活人来说，生离之痛却一生无法断绝。

诗人的这种体会，为他日后书写"天长地久有时尽，此恨绵绵无绝期"打下了基础。写到这里还不够，诗人还要继续记录他的痛苦，他一定要把痛苦的感受，具体到五脏六腑毛发血管的每一处，不然，他觉得不足以表达他此时此刻无以言说的心境。

"忧极心劳血气衰，未年三十生白发"，他觉得自己快要因忧郁和心痛气血两衰了。"未年三十生白发"，也许是说他自己，也许是在说湘灵，总之，一夜白头的事，真实发生了。

分别之后，白居易变成了一个跌落在失恋深渊中无法自拔的人。在湘灵走后的每一个季节更迭时刻，往事都会涌上心头，白居易发现自己从未忘记过往，内心的创伤也从未真正痊愈，他写下了这首怀念湘灵的诗：

《寄远》

欲忘忘未得，欲去去无由。

两腋不生翅，二毛空满头。

坐看新落叶，行上最高楼。

暝色无边际，茫茫尽眼愁。

想忘记却忘不掉，想离开又没理由，只恨自己没有生出翅膀，空让白发黑发长满了头。又是一个秋天，在飘零的落叶中，我爬上这里最高的楼。深沉的暮色无边无际，放眼望去，茫茫天地间，只剩下满眼的哀愁。诗人之所以登高望远，是因为他所思念的人，在遥不可及的地方；诗人之所以只能登高望远，是因为他身不由己，就算有一双翅膀，也没有自由飞翔的理由。

《感秋寄远》

惆怅时节晚，两情千里同。

离忧不散处，庭树正秋风。

燕影动归翼，蕙香销故丛。

佳期与芳岁，牢落两成空。

上面的这首又是一首悲秋诗，但把悲秋的范围，从杜甫的"天涯客"、"多病身"的自我之悲，明确转移到了思念故人、情人上，这是一种大胆的表露，是唐诗题材的扩展，也是对古诗传统的回归。这首诗和宋代词牌《憾庭秋》的主题一致，显然是宋词情调的先声，写的是渐冷的秋天过去了，到了冬天，这是冰冷的谷底，也是忧郁的深渊，更让诗人分秒难挨。

还有这首《冬至夜怀湘灵》：

艳质无由见，寒衾不可亲。

何堪最长夜，俱作独眠人。

这首诗和多年前的那首《寒闺夜》很相似，只不过终夜秉灯的矫情已经不见了，他的伤心变得更为隐秘、更加绝望。"艳质无由见"，再也没有理由见到美丽的她，"寒衾不可亲"，棉被冰冷难以贴近。然而诗人却笃定地认为，他的孤独不是独一无二的，而是天涯共此时的——他和她，此时此刻，都是独眠的可怜人。

07

上文提到，白居易参加了吏部书判拔萃科考试，被成功录取后，他在长安做了校书郎，此后，就面临着在长安安家事宜。作为家族中的顶梁柱，白居易得把家人都接到长安。白居易虽然少年得志，但他的人生并没有因此而进入一种初步安定的阶段。他必须按照自己既定的人生轨迹，娶他该娶的人，完成他该完成的任务。

白居易和杨氏的婚姻，或许来自友人的牵线和撮合。在白居易参加州试时，便结识了长安杨虞卿[1]。杨家是长安城内的名门望族，祖上即有名的东汉"弘农杨氏"。直到唐代，杨氏一族仍身居高位，人称"靖恭杨家"。"弘农杨氏"属于顶级士族，杨虞卿还有个堂兄弟叫杨汝士[2]，杨氏兄弟不仅出身门阀士族，更是科场上前途无量的新星。

唐代科举制度的发展，改变了从前门阀士族的制举与门荫制度。对门阀士族来说，他们必须迎接这种入仕方式的变化，从制举与门荫相结合转向以科举为主，顶级士族也不例外。入仕方式的改变带来了激烈的竞争，"进士第成为大士族振兴或延续其家族的重要因素"[3]。门阀士族子弟虽然必须经过科场的激烈竞争，但其也可以凭借文化、声望、权势等方面的既有优势排挤寒族、平民，把持科场。在这样的时代背景下，白居易仍能举重若轻，称霸科场，想必在杨氏兄弟心中，其已成为考神降临般的存在。或许是因为一见如故，或许是白居易当时的光芒让士族子弟杨虞卿无法抗拒，他一眼就看中了这个适合做杨家女婿的"潜力股"，便动了把从妹杨氏许配给白居易的念头。

唐代人生成功的标志是什么？最典型的就是中了进士，娶了"五姓"（指当时的王、崔、卢、李、郑五大士族豪门）女。在唐朝，中了进士只是在事业上取得成功，真正要得到上流社会的认可，还要在婚姻上取得成功，婚姻成功的标志就是娶五姓女，谁若是能娶到五姓人家的女儿，那比点了驸马还要荣耀。而弘农杨氏这门亲事，一定会让白母十分满意。毕竟，娶杨氏家族的女儿，是比中进士还要光宗耀祖的事。白居易的母亲阻拦儿子和湘灵来往，不就是盼望着白居易可以有这么一段理想的姻缘吗？

---

[1] 杨虞卿（？-约835年），字师皋。虢州弘农（今河南省灵宝市）人。元和五年（810）举进士，又登博学宏词科。唐朝大臣、诗文作者。

[2] 杨汝士，字慕巢，虢州弘农人。堂哥杨虞卿，妹婿白居易。元和四年（809）进士，又登博学宏词科。大和三年（829）七月，以本官知制诰。牛僧孺、李宗闵相继拉拢他，引为中书舍人。

[3] 见毛汉光《中国中古社会史论》。

元和二年（807）[1] 起，白居易开始在长安工作了，杨虞卿有事没事就让白居易来家里玩。或许是因为精神苦闷，需要热闹的氛围来转移注意力，白居易却之不恭，经常留宿杨家，和杨虞卿、杨汝士形影不离。"杨氏弟兄俱醉卧，披衣独起下高斋。夜深不语中庭立，月照藤花影上阶"[2]，杨氏兄弟醉卧后，白居易还披衣伫立中庭，可能也是在考虑是否接受这新的缘分，娶了杨家妹妹，也遂了母亲的心愿，过一种大家都祝福的生活。

结果就是大家看到的，白居易接受了这门亲事，步入了一个唐朝年轻士大夫该步入的正轨。也许，这时候的白居易对这段婚姻还是有所期待的，期待自己告别生命中的苦情篇章，过上幸福美满的生活。只可惜，或许是因为杨氏不识字，夫妻二人相处乏味，这让他们丧失了先婚后爱的基础，或许是白居易高估了自己可以重新来过的能力，总之，这段婚姻仅仅是一段婚姻而已，它只是让白居易完成了人生使命，却没有依恋和感情。

白居易在给友人元稹的悄悄话里，把自己成婚的前因后果和大致情节交代得很详细，也就是接下来的这首《和梦游春诗一百韵》。前文说到湘灵容貌的时候，略微提到过这篇作品，下面我们对其解读一下。

"到一红楼家，爱之看不足"，陶渊明虚构了一个桃花源，白居易虚构了一个红楼《梦稿本红楼梦》[3] 的"梦觉主人序"中提到："红楼富女，诗证香山"，白居易这首诗就是谜底之一，这里的红楼中出现的女子，其生活原型及其和白居易在现实世界中的关系，或许就是后世《红楼梦》作者写作动机和思想内蕴的谜底。

我们回到作品，这首诗的篇头，是一番对重门深院园林景观的描述，主角千呼万唤始出来："遥见窗下人，娉婷十五六""霞光抱明月，莲艳开初旭。缥缈云雨仙，氛氲兰麝馥"，显然，这就是湘灵的形象。诗人以

---

[1] 唐宪宗公元 806 年即位。

[2] 见白居易《宿杨家》。

[3] 杨本，红楼梦版本之一，又称梦稿本、杨藏本、全抄本。因系杨继振原藏，故名。题"兰墅太史手定红楼梦稿"。存百二十回，全。

氛围描写作为开篇起兴，先整体勾勒该女子神女般惊艳的气质，这和曹植对洛神的描写相似。接下来，白居易用很大的篇幅书写这个女子的服饰、妆容、仪态，可以体会到其用词的谨慎精致，绝非轻浮之语。

"心惊睡易觉，梦断魂难续。笼委独栖禽，剑分连理木"，这就是《长恨歌》里"在天愿做比翼鸟，在地愿为连理枝"的爱情梦想破灭的过程，也是《长相思》里"愿作远方兽，步步比肩行。愿作深山木，枝枝连理生"的祈祷无法应验的结果。

从这句诗之后，情节突然转折，没有交代原因，却写出了情境。该女子和有情人一定是遭遇了外界影响而被迫分开，"笼委独栖禽，剑分连理木"，这是白居易描写分手时常用的修辞，也是他的亲身经历。

"存诚期有感，誓志贞无黩。京洛八九春，未曾花里宿。壮年徒自弃，佳会应无复。鸾歌不重闻，凤兆从兹卜"，这段诗应该是描述白居易和该女子被迫分开后，发誓坚贞不渝、不问风月的情状。"京洛八九春，未曾花里宿"，一切相亲活动概不参与，这也是一种愤而自弃的表现。"鸾歌不重闻，凤兆从兹卜"，尽管这样，男子还是在占卜师的祝贺下迎来了八字相合的姻缘。

"韦门女清贵，裴氏甥贤淑。罗扇夹花灯，金鞍攒绣毂。既倾南国貌，遂坦东床腹。刘阮心渐忘，潘杨意方睦。新修履信第，初食尚书禄。九酝备圣贤，八珍穷水陆。秦家重萧史，彦辅怜卫叔。朝馔馈独盘，夜醪倾百斛。亲宾盛辉赫，妓乐纷晔煜。宿醉才解醒，朝欢俄枕麹，饮过君子争，令甚将军酷。酩酊歌鸝鴣，颠狂舞鸲鹆"，在这里，白居易把自己和门当户对的妻子分别用典故虚构了身份和姓氏，接下来运用铺排的辞藻描述这场被包办的盛大婚礼。看起来高朋满座，盛极一时，然而接着笔锋一转——那个和他海誓山盟的女子如今怎样了？

"月流春夜短，日下秋天速。谢傅隙过驹，萧娘风过烛。全凋蕣花折，半死梧桐秃。暗镜对孤鸾，哀弦留寡鹄"，一时间，沧海桑田，两个身不由己的灵魂，一个成了零落折断的花枝，一个成了秃叶半死的梧桐。剩下的信物，镜子与弦琴，陪伴着一个孤鸾，一个寡鹄。

"凄凄隔幽显，冉冉移寒燠。万事此时休，百身何处赎。提携小儿女，将领旧姻族。再入朱门行，一傍青楼哭"，"寒燠"是白居易诗中非常高频的词汇，可能是经历过情思折磨的人，对气候的感知更为敏感，所以这周而复始的冷暖交替，在他的精神世界里，变成了牢笼中的计时器，每当感慨起他痛苦难耐的时光，他总是会用这个词。

表面上看，白居易走上了世人所见的阳关大道，但其内心却犹如进入牢笼，不知何处得以赎身。在这世俗的富丽堂皇的罗网里，他得以光耀门楣，提携姻亲，满足了白氏祖上和高堂的期待。而从此一入朱门、一傍青楼，身份的鸿沟再也不能逾越。

"枥空无厩马，水涸失池鹜。摇落废井梧，荒凉故篱菊。莓苔上几阁，尘土生琴筑。舞榭缀蟏蛸，歌梁聚蝙蝠"，这里写的应该是白居易重回篇头那个秀美园林，却已人去楼空。水涸井废，蟏蛸和蝙蝠在此安家。"嫁分红粉妾，卖散苍头仆。门客思彷徨，家人泣咿噢"，那位女子的归宿，不是沦落风尘、嫁为人妾，就是嫁给了苍头仆人，总之，命运凄惨，只能哭嫁。白居易对女性命运的深切同情，源于他切身经历带来的负疚感，从此这份对女性命运的关怀与他相伴一生。

到这里，这首诗只写了一半，接下来就是白居易极尽烦琐、事无巨细地描述他在官场上的体验。"不忍曲作钩，乍能折为玉"，"只要明是非，何曾虞祸福"，惨痛的取舍经历，决定了他可以采取冷眼旁观的态度面对那些虚伪的人和事，不自觉地有了一种巨大的勇气。他又勇又直，肯定会遭遇诽谤和陷害。结局就是"谪为江府掾，遣事荆州牧"，这是后文要详细讲述的故事了。

"薄俸等涓毫，微官同桎梏"，他只能接受"鹤病翅羽垂，兽穷爪牙缩"的现状。无比苦闷又无法止损的白居易，只能在黑暗中寻找疗伤的良药。最后，是禅经给了他治愈的曙光："欲除忧恼病，当取禅经读。须悟事皆空，无令念将属"，从禅宗的智慧中，白居易领悟到："请思游春梦，此梦何闪倏。艳色即空花，浮生乃焦谷"。

"良姻在嘉偶，顷克为单独。入仕欲荣身，须臾成黜辱"，这首长诗记录的如春梦般虚幻的一瞬，验证了这样一个道理——人世间有多少深沉的情爱、执着的追逐？不过是一场春梦、一场劫数罢了。色即是空，美人艳色如同镜花水月，什么良缘佳偶，到头来还是孑然一身。曾经无比向往的入仕荣身的彼岸，抵达后，却在须臾间变成了黜辱。

"合者离之始，乐兮忧所伏。愁恨僧祗长，欢荣刹那促"，"贪为苦聚落，爱是悲林麓。水荡无明波，轮回死生辐"，这里的每一个句子，都是经历了尘世洗礼后的真实感悟。人间情爱，欢乐只是刹那，而悲苦的折磨则没有尽头。

"尘应甘露洒，垢待醍醐浴。障要智灯烧，魔须慧刀戮"，这是白居易对人生的领悟，不同于从前儒家思想教人的克制、远离、规避的方法，他认为，面对人性中的尘、垢、障、魔，需要甘露、醍醐、智灯、慧刀的帮助才能破除。

如果追求这一切都只是梦幻泡影，那人究竟该如何度过自己的一生？白居易没有说出答案，他也没有采用说教的方式，得出什么可以传道授业解惑的人生感悟。他对自己经历的这一切没有予以否定，而是认为这是他认识世界继而寻找真实自我的必经之路，可以把这一切当成借事炼心、借假求真、借红尘修灵魂的功课。此后，寻找灵性的、智慧的解脱之道，俨然成为白居易面对的全新课题。

这篇"一百韵"应该是白居易交代自己婚姻爱情故事的最完整资料了。白居易还写过一首《赠内》：

> 漠漠暗苔新雨地，微微凉露欲秋天。
> 莫对月明思往事，损君颜色减君年。

这首诗多被解读为白居易夫妻恩爱的表现，但是对比白居易写给其他人的酬唱赠和之诗，从中丝毫看不出白居易对妻子感情的专一，甚至没什么信息含量。他只是劝她不要对月思往事，那只会让自己徒增烦恼，变老变丑。

另一首《赠内》，似乎是写于新婚之时，言辞里都是一种"丑话说在前头"的即视感：

> 生为同室亲，死为同穴尘。
> 他人尚相勉，而况我与君。
> 黔娄固穷士，妻贤忘其贫。
> 冀缺一农夫，妻敬俨如宾。
> 陶潜不营生，翟氏自爨薪。
> 梁鸿不肯仕，孟光甘布裙。
> 君虽不读书，此事耳亦闻。
> 至此千载后，传是何如人。
> 人生未死间，不能忘其身。
> 所须者衣食，不过饱与温。
> 蔬食足充饥，何必膏粱珍。
> 缯絮足御寒，何必锦绣文。
> 君家有贻训，清白遗子孙。
> 我亦贞苦士，与君新结婚。
> 庶保贫与素，偕老同欣欣。

这首诗的大概意思是，既然结婚了，我得让你知道我是什么人，指望和我大富大贵是不明智的。虽然你不读书，但是陶渊明等人的清贫程度你应该知道。所以，以后的生活有蔬菜能充饥、有棉絮能御寒就不错了。你要做好准备，和我过又贫又素的日子。

如果是一个道学家，写这样的诗给他的妻子，我们不会奇怪。可是，这是白居易呀！这是能把爱意表达成千古绝唱的白居易，是任何人读他的书信都会潸然泪下的白居易。

还有这首《秋霁》：

月出砧杵动，家家捣秋练。

独对多病妻，不能理针线。

冬衣殊未制，夏服行将绽。

何以迎早秋，一杯聊自劝。

这首诗甚至流露出白居易对妻子多病又不勤劳的抱怨，认为她不能理针线，冬衣还没做，夏衣快穿破。可见，在白居易的眼中，妻子就是一个叠被铺床做家务的角色。

他甚至开始因此而想念湘灵的体贴：

《秋夕》

叶声落如雨，月色白似霜。

夜深方独卧，谁为拂尘床。

那个为自己拂尘床的女子不在身边，而身边的女子又不肯为自己做这些，所以他心情郁闷。在白居易的诗里，经常看到他在独眠独卧，是"曾经沧海难为水"，还是不懂如何"怜取眼前人"，我们不好下结论，但白居易这种"前女友情结"，却是中国男人的通病。

而杨氏呢？哪个少女不怀春？杨氏也一定是带着对未来的美好憧憬嫁给了白居易，但白居易在她面前显然是一副丢了魂的模样。久而久之，感受不到夫妻恩爱的女人，自然也会因气成疾：

《病气》

自知气发每因情，情在何由气得平。

若问病根深与浅，此身应与病齐生。

像《赠内》一样，白居易劝妻子少生气，别气出病来。但妻子为何会生气，白居易显然是不会从自己这里找原因的。

白居易还指责妻子善妒：

《戏问山石榴》

小树山榴近砌栽，半含红萼带花来。

争知司马夫人妒，移到庭前便不开。

这首诗写于元和十二年（817）、白居易任江州司马时期。江州逢旧，显然很多场景就是在白居易妻子面前展开的。她因此生气吃醋，也是人之常情，白居易就用石榴花不开来敲打善妒的妻子。可见白居易对妻子的要求就是：情绪稳定，包揽柴米油盐，但不能干涉夫君的感情生活。

再读白居易的《寄情》：

灼灼早春梅，东南枝最早。

持来玩未足，花向手中老。

芳香销掌握，怅望生怀抱。

岂无后开花，念此先开好。

"岂无后开花，念此先开好"，表明自己对女人（花）的爱意已经全部给了先开的那朵，就算后来手中也有花可赏，但终究不是生命中最初盛开的那一朵。

白居易的前半生，和湘灵的那场爱而不得的恋情，既毁坏了他，也成就了他，既让他迷失了自己，也让他找到了自己，让他这一生变得毁誉参半。但这些在个人的生命历程中，无论好坏，都是他必须要承担的"命运的馈赠"。

然而，对于他的妻子来说，遇见白居易，可能没有誉，只有毁。表面上看，她嫁给了一个科举成功的天之骄子、多情的浪漫诗人、著名的长恨歌主、官运亨通的皇家导师、文章誉满天下的中唐丰碑，但是从白居易留下的关于她的只言片语来看，她的一生无疑是惨淡的、悲哀的——陷于无爱的婚姻还要被挑剔，夫君对她只有责任，没有感情，甚至没有敬重。

她为白居易生下的第一个女儿金銮子，三岁夭折。白居易很伤心，在写诗宣泄悲伤的时候只有自怜自伤，却没有一句话安慰孩子的母亲。她为白居易生下的第二个女儿叫阿罗，阿罗的名字或许与那句"有如女萝草，生在松之侧"[1]有关。白居易喜欢以松自居，他的书房就叫"松斋"。

她陪他经历宦海沉浮，忠州归来之后，总算等来了白居易对前尘往事的"放下"。但白居易"放下"的结果是寻欢作乐、纵情声色，以及不同妾室恩爱。白居易时常在抱怨自己不能归隐山林的时候提到一句：还有妻女要养。仿佛她只是他的累赘，和不得不负担的责任。

杨氏的命运，是多少封建士大夫正妻的普遍状态。可是即便是这么一种状态，很多人还是会以夫妇恩爱来形容这段姻缘。可能这些人认为，只要写了《赠内》，对妻子说上几句拉家常的话，就等于恩爱了吧！殊不知，白居易写诗和写日记一样，他肯提起，并不代表在意，关键要看他提起的时候都说些什么，才能知道他把每个人放在心里的什么位置。

白居易对妻兄杨汝士要比对妻子还深情。天气转凉时，收到杨汝士寄来的御寒衣服，白居易惊喜、感激，"唯有巢兄不相忘，春茶未断寄秋衣"[2]。开成年间，杨汝士的从弟、白居易的妻兄杨虞卿在贬所去世，白居易曾作《哭师皋》以寄托哀思。时隔两年后，当杨汝士回想旧事，感怀杨虞卿过世，悲从中来时，白居易深情劝慰他节哀珍重："我是知君者，君今意若何。穷通时不定，苦乐事相和"[3]。时隔三十一年后，隐居洛阳的诗人迎来了时为户部侍郎的杨汝士造访，两人同宿，彻夜长谈，白居易喜不自禁，写下了《喜与杨六侍御同宿》："眼看又上青云去，更

---

[1] 见白居易《长相思·九月西风兴》。

[2] 见白居易《谢杨东川寄衣服》。

[3] 见白居易《和东川杨慕巢尚书府中独坐，感戚在怀，见寄》。

卜同衾一两宵"。

生活中所有值得记载的喜怒哀乐之事，白居易都不厌其烦地写进他的诗里，但盘点一番，我们会发现，他的妻子从未分享过他的趣味、才情和心事，更别提进入他的感情世界。

也许，这是由白居易对女性的态度决定的。

在有些男人看来，世上的女人分两种：一种是负责让男人思念和爱恋的美人，一种是给男人洗衣做饭当摆设的后勤。这两种女人，不见得能分出哪个更幸运、哪个更不幸，她们都重复着世世代代多少女性无以言说的悲剧。即便是看似"赢家"的湘灵，实际上经历了怎样惨痛的一生，我们也可以想见。即便白居易爱念她一生，可是我们仔细推敲这爱的成分，无论其多么痴情和热烈，都没有超越生理之爱这个层面。

在男人替她们留下的有限信息中，基本上都是良母、贤妻、白月光，她们只是男人生命中的点缀。她们一生的真实经历我们不得而知，她们在失语的状态，或者即便不失语也没有独立意志的状态下，成为《红楼梦》中的"死鱼眼睛"[1]。

---

[1] 出自《红楼梦》第五十九回、莺儿采柳条编篮子那段，借春燕的口说的。

叁

白居易仕途之谜

01

实现鲤鱼跃龙门的白居易，终于可以学以致用了，在他和君王刚刚建立关系的蜜月期，自然会用他引以为傲的笔杆子，留下点颂德述志的"文学"：

《叙德书情四十韵，上宣歙翟中丞》

元圣生乘运，忠贤出应期。

还将稽古力，助立太平基。

土控吴兼越，州连歙与池。

山河地襟带，军镇国藩维。

廉察安江甸，澄清肃海夷。

股肱分外守，耳目付中司。

楚老歌来暮，秦人咏去思。

望如时雨至，福是岁星移。

政静民无讼，刑行吏不欺。

撝谦惊主宠，阴德畏人知。

白玉惭温色，朱绳让直辞。

行为时领袖，言作世蓍龟。

盛幕招贤士，连营训锐师。

光华下鹓鹭，气色动熊罴。

出入麾幢引，登临剑戟随。

好风迎解榻，美景待搴帷。

晴野霞飞绮，春郊柳宛丝。

城乌惊画角，江雁避红旗。

藉草朱轮驻，攀花紫绶垂。

山宜谢公展，洲称柳家诗。

酒气和芳杜，弦声乱子规。

分球齐马首，列舞匝蛾眉。

醉惜年光晚，欢怜日影迟。

回塘排玉棹，归路拥金羁。

自顾龙钟者，尝蒙噢咻之。

仰山尘不让，涉海水难为。

身忝乡人荐，名因国士推。

提携增善价，拂拭长妍姿。

射策端心术，迁乔整羽仪。

幸穿杨远叶，谬折桂高枝。

佩德潜书带，铭仁暗勒肌。

饬躬趋馆舍，拜手把阶墀。

霄汉程虽在，风尘迹尚卑。

敝衣羞布素，败屋厌茅茨。

养之晨昏膳，居无伏腊资。

盛时贫可耻，壮岁病堪嗤。

擢第名方立，耽书力未疲。

磨铅重剺割，策蹇再奔驰。

相马须怜瘦，呼鹰正及饥。

扶摇重即事，会有答恩时。

这首诗写得错彩镂金、文采斐然，可见其用心用力。通篇一望，那种"生逢其时、躬逢圣主"之感溢于言表。这是白居易此时的人生状态，他把自己当成一个不会让圣主失望的人才，摩拳擦掌，跃跃欲试，认为只要世界给他舞台，他就会展现最好的自己，以报答圣主的知遇之恩。初出茅庐的白居易，带着圣贤书中制造的幻想，热烈而高调地准备大展身手。

但是少年对前程的想象，如同少女相信童话一样，虽然充满梦幻色彩和因未知而产生的欢欣，却只能停留在虚幻的描述中，一旦转为对眼前真实情境的记录，就会变成另一种情绪的表达。例如下面的这首《常乐里闲居偶题十六韵》：

> 帝都名利场，鸡鸣无安居。
>
> 独有懒慢者，日高头未梳。
>
> 工拙性不同，进退迹遂殊。
>
> 幸逢太平代，天子好文儒。
>
> 小才难大用，典校在秘书。
>
> 三旬两入省，因得养顽疏。
>
> 茅屋四五间，一马二仆夫。
>
> 俸钱万六千，月给亦有余。
>
> 既无衣食牵，亦少人事拘。
>
> 遂使少年心，日日常晏如。
>
> 勿言无知己，躁静各有徒。
>
> 兰台七八人，出处与之俱。
>
> 旬时阻谈笑，旦夕望轩车。
>
> 谁能雠校闲，解带卧吾庐。
>
> 窗前有竹玩，门外有酒酤。
>
> 何以待君子，数竿对一壶。

脱离了宏大叙事和道学语境的白居易，在诗中展示的是一个来到帝都追求梦想的小镇青年的真实见闻和感受。白居易这个感性青年刚刚参加工作，难免有一些不适，"独有懒慢者，日高头未梳"，但好在"幸逢太平代，天子好文儒。小才难大用，典校在秘书"，这是一种"知识青年"的庆幸——还好会点笔墨，可以做个典校秘书。

"俸钱万六千，月给亦有余。既无衣食牵，亦少人事拘"，白居易从这时候开始，就显露出爱说大实话的习惯。从此，他晒工资晒了一辈子，评估自己的薪水状况也评估了一辈子。他还对新同事间的人际关系有一番至理名言——"勿言无知己，躁静各有徒"。

这句话在表达什么？一定是陌生的环境和陌生的人际关系，让他感到孤独落寞，没有能说话的对象，满腔的情绪无处诉说。但他却没有抱怨，而是直接将其转化成了一种理解。所谓"躁静各有徒"，不就是现在我们常说的，有人是外向型性格，有人是内向型性格吗？白居易认识到，既然这是人与人之间存在的天性差异，自己也就没有必要抱怨身边没有知己了。

你看，这首诗俨然是一个刚上班的小青年写的心情日记，有内心感受，有自我勉励，也不忘呵护自己的小爱好，"窗前有竹玩，门外有酒酤"，他和那些实习期也会把工位和宿舍都"爆改"一番的职场新人一样，总是有办法让工作环境充满独处的"小确幸"。

02

虽然在母亲等多方的压力下，白居易选择了顺从，选择了那条大家认可且祝福的路，但"臣服"后的每一天，白居易都没有真正享受过这外人看来值得羡慕、无比辉煌的似锦前程。可以想象，他几乎每一天都在修炼，都在"以道治心气"[1]。如果他付出那么大的沉没成本而"归顺"的官场，真如圣贤书中所写的那样高尚也就罢了，可偏偏是踏入之后才知道其中的门道。

他在《续古诗十首·其六》中对其做了精练的概括，"长安多王侯，英俊竞攀援。幸随众宾末，得厕门馆间。东阁有旨酒，中堂有管弦。何为向隅客，对此不开颜"。白居易描绘了什么呢？当然是他初来长安的所见所闻，白居易走进了王侯士族、英俊子弟的奢华生活，在他们宴饮享乐的场所，得到了一个角落位置。换作别人，也许会充满惊喜和得意，毕竟是凭借自己的努力，实现了"阶层跨越"，得以跻身王侯圈层，可是

---

[1] 见白居易《夜雨有念》。

白居易却说自己根本开心不起来。这种类似的、记录自己进入长安官场后的诗作，白居易留下了很多。

自元和三年（808）至元和五年（810）这三年中，是白居易在黑暗势力的重压下，为了自己的政治主张而勇猛奋斗的时期，同时也是他创作上的黄金时期。他最富于人民性的救济人病、裨补时阙的讽喻诗（包括新乐府五十首及秦中吟等诗），便是这时候写的。

让自己身不由己的是什么呢？无非是身份与功名，可身份与功名又是什么呢？"古墓何代人，不知姓与名。化作路傍土，年年春草生。感彼忽自悟，今我何营营"[1]，到头来不过是埋进一座座古墓，不知姓名，和无数人头破血流、蝇营狗苟度过的一生，最终的结局都一样。可就算有了这样的感悟，此刻的我又为何营营此间，而不逃离呢？

这样的反思，这样困顿其中的感受，应该是如影随形的，所以白居易从爱情失败的青春之悲，逐渐演变为冷眼旁观官场虚伪的理想之悲。爱而不得，让白居易变为一个批判现实主义者，当个人思考和时代推力共同作用于他身上时，白居易水到渠成地扛起了新乐府运动的大旗。或许那种为民请命的热情让他在古诗中找到了新的人生使命，或许他少年经历的爱情强化了他骨子里的真诚和正直，总之，他提出新乐府的概念，发扬《诗经》和汉魏乐府讽喻时事的传统，使诗歌起到"补察时政"、"泄导人情"的作用。他不再满足于用诗歌去书写少年的苦闷心情，因为那些东西只能留给自己看，不能留给世人看，既然往者不可谏，来者犹可追，那就在自己选择的道路上，真正做点有意义的事吧。在那个只适合虚与委蛇的位置上，做点真诚的事，做点关怀苍生的事，做点说到做到、知行合一的事！

白居易三十五岁那年，又参加了一次大考——唐宪宗的殿试，且又以优异成绩通过，所以后世很多学子把白居易当成考神崇拜是有理由的。白居易殿试通过之后，被授予的官职是盩厔[2]县尉。元和二年（807）

[1] 见白居易《续古诗十首·其二》。
[2] 盩厔，我国陕西省的一个古县名，现今称为"周至"。

十一月，白居易因诗得到唐宪宗赏识，被召入翰林为学士。次年五月，授职左拾遗。

左拾遗是个什么官？唐代行政法典《唐六典》规定，左拾遗设在门下省，序在左散骑常侍、谏议大夫、左补阙之后，意思是国家有遗事，拾而论之，是国家重要的谏官。左拾遗同左补阙一起，共同掌管供奉讽谏，凡发布诏令、办理政务，有与时势不相适应、与正道不相符合的，大则当廷上谏，小则封书上奏，并负责向国家推荐贤才良臣。

陈子昂、杜甫也都干过拾遗，这几乎是唐代学子的标准从政履历——在科举及第后先任一段时间的著作郎，然后任左、右拾遗来锻炼从政能力，经验丰富后再派往各部门任职。左拾遗是杜甫做过的最大的官，也是让杜甫的忧国忧民精神尽情释放的岗位。白居易作为杜甫的粉丝，又有志同道合的元稹在身边，当然会好好地在其位谋其政。

这时的唐王朝，已经处在"安史之乱"后期的历史坐标上，王朝正一步步走向衰落。一方面，藩镇割据，宦官擅权，赋税繁重，贫富悬殊，外族侵扰，战祸频仍，社会各方面矛盾进一步暴露；另一方面，一部分有识之士对现实弊病有了更加清楚的认识，他们希望通过改良政治来缓和社会矛盾、实现王朝中兴。正值盛年的白居易就是其中的一员，他不仅有行动，还有理论。他认为诗歌是人们思想感情的表现，而人们的思想感情又与社会政治联系在一起。不同的政治局面，会引发人们不同的思想感情，从而形成不同的诗歌风貌。

他在《策林第六十四·复乐古器古曲》中说："臣闻乐者本于声，声者发于情，情者系于政。盖政和则情和，情和则声和，而安乐之音由是作焉。政失则情失，情失则声失，而哀淫之音由是作焉。斯所谓音声之道，与政通矣"。

白居易说，审乐可以知政，主张恢复采诗制度。他在《策林第六十九·采诗以补察时政》中呼吁："选观风之使，建采诗之官，俾乎歌咏之声，讽刺之兴，日采于下，岁献于上者也"。在《新乐府》末篇《采诗官》中，他说："采诗官，采诗听歌导人言。言者无罪闻者诫，下流上通上下泰……欲开雍蔽达人情，先向歌诗求讽刺"。可见，他认为采诗制度的重点是，在下者要进行讽刺，在上者则要听取讽刺之声。

他在《新乐府序》中全面提出了新乐府诗歌的创作原则：文辞质朴易懂，便于读者理解；说话直截了当，切中时弊，使闻者足戒；叙事要有根据，令人信服；词句要通顺，合于声律，可以入乐。他宣称诗要为君、为臣、为民、为物、为事而作，而不是为文而作。

白居易、元稹等人或提倡"寓意古题"，或效法杜甫的"即事名篇"，一反大历以来逐渐抬头的逃避现实的诗风，发扬了《诗经》、汉魏乐府以来的优良诗歌传统。他们二人一拍即合，把新乐府运动搞得轰轰烈烈，类似于今天的微博热搜，一时"霸屏"了当时的舆论场。当然，在风光无限的同时，也让他们的讽刺对象怀恨在心，必欲除之而后快。

而白居易在如此紧张的氛围中，还屡次上书请求革除弊政。为反对宦官吐突承璀做掌握兵权的招讨宣慰使，他曾当面指摘唐宪宗的错误，引起皇帝的愤怒。虽然当时的宰相李绛很欣赏他，屡次回护他，但他并没有收敛锋芒，而是一边直言诤谏，一边持续创作了大量的讽喻诗，完全不顾危险就在前方。

一直以来，人们评价白居易的新乐府诗，都将重点放在他如何继承杜甫批判现实的精神上。如他创作的《卖炭翁》、《观刈麦》、《村居苦寒》、《百炼镜》等，都生动反映了强权压迫和苛捐杂税之下的民不聊生，是杜甫"朱门酒肉臭，路有冻死骨"的延续。

其实，比起杜甫诗歌的具象化展示，白居易的讽喻诗思考更深入、剖析更深刻，有时候甚至直接质疑当时的社会制度和传统习俗。例如，在《朱陈村》这首诗中，白居易就表达了他对儒家礼教制度压迫自由婚恋的愤慨：

世法贵名教，士人重冠婚。

以此自桎梏，信为大谬人。

十岁解读书，十五能属文。

二十举秀才，三十为谏臣。

下有妻子累，上有君亲恩。

　　这里的朱陈村，就位于现在的徐州丰县。白居易对此地民风的描述是，"世法贵名教，士人重冠婚。以此自桎梏，信为大谬人"。在这样一个可以称为"民风淳朴"的乡村，以名教为法，违背它虽然不会有什么罪责刑罚，但邻里间的议论足以将人钉在耻辱柱上。士人本该是传承知识和文明的主力军，可是他们却首先要带上婚姻的枷锁，否则寸步难行。名教制定的那些当时人们司空见惯并且奉为圭臬的礼俗规矩，在白居易这里却成为被批判的对象。这种深刻而新式的思想，也许来自他对母亲生平的审视、对自己失败恋情的反思。在经历了多年和母亲的抗争、两败俱伤之后，白居易终于想通了这个问题。其实，在某些地方，这些封建礼俗直到今天都还存在。生活在现代的我们，身上残留的某些封建旧观念、旧思想一看便知。然而，白居易是生活在一千多年以前，他那时的思想只能用现代、超前来形容。

　　这种批判精神，以及这种精神背后的热切关怀和深刻共情，直接影响到了三百年后北宋的一个横空出世的天才少年。这个少年和白居易一样，不仅天纵奇才、考运极佳，还有一颗不受拘束的灵魂和一副柔软的心肠。这个少年从小就以白居易为偶像，甚至在其人生低谷时，还以白居易的"东坡"雅号作为自己的新称号，这个人就是苏东坡。

　　苏东坡在北宋熙宁年间为徐州太守，其《朱陈村嫁娶图》诗云："我是朱陈旧使君，劝农曾入杏花村。而今风物那堪画，县吏催钱夜打门"，俨然以白居易再世自居。在诗中，苏东坡借助生活中司空见惯的男婚女嫁之事，表现具有重大社会意义的主题，体现其男女自由婚恋的主张。然而，这一时期的徐州，正处于王安石变法之后，"县吏催钱夜打门"，可谓王安石变法的一幅形象图画。白居易和苏东坡，都在自己生活的徐州捕捉到了封建统治者不想看到但是他们非要记录的人间实况，他们的民本思想是一脉相承的。

白居易写于元和四年（809）的《井底引银瓶·止淫奔也》，把他和湘灵的过往，写成了警示世人的寓言。这个作品在前文湘灵刚刚出场的时候也提到过，现在我们欣赏一下全文：

> 井底引银瓶，银瓶欲上丝绳绝。
>
> 石上磨玉簪，玉簪欲成中央折。
>
> 瓶沉簪折知奈何？似妾今朝与君别。
>
> 忆昔在家为女时，人言举动殊有姿。
>
> 婵娟两鬓秋蝉翼，宛转双蛾远山色。
>
> 笑随戏伴后园中，此时与君未相识。
>
> 妾弄青梅凭短墙，君骑白马傍垂杨。
>
> 墙头马上遥相顾，一见知君即断肠。
>
> 知君断肠共君语，君指南山松柏树。
>
> 感君松柏化为心，暗合双鬟逐君去。
>
> 到君家舍五六年，君家大人频有言。
>
> 聘则为妻奔是妾，不堪主祀奉蘋蘩。
>
> 终知君家不可住，其奈出门无去处。
>
> 岂无父母在高堂？亦有亲情满故乡。
>
> 潜来更不通消息，今日悲羞归不得。
>
> 为君一日恩，误妾百年身。
>
> 寄言痴小人家女，慎勿将身轻许人！

这首诗因为有警示世人的任务，所以，必须在后面续上一个说教的尾巴，不然就成了鼓动未婚男女大胆恋爱的作品。白居易以其出众的文采，将前面的两小无猜、两情相悦写得极其美好。然而，这样一段美好的感情怎么就成了需要引以为戒的反面案例了呢？白居易自己似乎也没想明白，不然，这么生硬的转折也不会出现在作品中。不管这个生硬的转折是否合情合理，是否顺理成章，现实就是现实，每一个真情付出的片段加起来，换来的却是现实的重锤——"为君一日恩，误妾百年身。寄言痴小人家女，慎勿将身轻许人"，白居易写到这里，多少无奈、多少歉疚，已呼之欲出。

人们将注意力聚焦在了白居易继承杜甫批判现实精神的一面，却忽略了他超越杜甫的深刻洞察力。白居易对婚嫁礼俗等的观察和反思，已经直指封建礼教的弊端。这时的白居易，已经逐渐认清了统治阶级虚伪、矫饰的本质，开始了"去伪存真"的行动。白居易所做的，就是先洗掉文学上的浮夸和自欺，以通俗生动的文字，去对抗贵族官僚阶层的盲目优越感。

03

除了讽喻诗的主张，对诗歌进行通俗化改造，是白居易作为诗人，为唐朝诗歌史乃至中国诗歌史作出的重要贡献之一。

以往我们认为，此项主张最值得称颂的就是白居易的百姓情怀和通俗化精神，"白乐天每作诗，问曰解否？妪曰解，则录之；不解，则易之"[1]，《冷斋夜话》这部书的体例介于笔记与诗话之间，但以论诗为主。书中记载之事是否属实，我们暂且放到一边，只能说宋代的文学创作已经在理论上认识到，浅白的语言能够帮助作品广泛传播，这也是宋代市民文化兴起的表现之一。但是，浅白是否等于进步、是否是一种绝对正确，具体问题我们还要在具体背景下具体分析。

依笔者浅见，有关白居易作诗"老妪能解"这个典故，最值得称颂的不是浅白的表象，或者"老妪能解"这个结果，而是白居易身上那种不以矫饰为荣的求真精神。

简而言之，能让白居易提出浅白诗歌主张的，不是他对"非知识圈层"的盲目崇拜，而是他对真挚表达的坚持，对自己身边那种虚假优越

---

[1] 出自《冷斋夜话》，此书为古代中国诗论著作，共十卷，北宋僧人惠洪 (1071-1128) 著。

感的警惕和排斥。他反对的是矫饰和伪装，而不是知识和格调，他追求的是真实和共鸣，而不是俚俗和无知。

白居易的浅白，绝不是如同小儿言语的那种浅白，小儿不具备对生命的感知和洞察能力，也不具备对震撼心灵隐秘角落的事物进行描述的能力。白居易的诗句，虽然儿童可以背诵，平民能够读懂，但表面的懂不代表深入的懂，少年有少年的理解，中年有中年的领悟，越是有经历越会被征服，这就是白居易能将浅白与深邃合二为一的魅力。

他是用举重若轻的方式去表达深刻的主题，而不是单纯从形式上去修饰。他的诗歌就像泰尔戈的诗句那样："人类在智慧中回到童年"[1]，在摒弃故作高深的遣词造句之后，才能实现去除矫饰、直抒胸臆的表达。

这种辨析的意义在于，让我们重新认识白居易对诗歌史的贡献，同时也认识到，白居易推崇的乐府传统、古诗传统、《诗经》传统，其真正的精髓在于抒发真实情感、反思视野局限、探讨生命价值，而非简单粗暴地将平实朴素神圣化。

白居易的这种平民创作思想，深刻反映了中国传统文化中的民本主义精神。白居易之所以能够让诗歌既深刻又浅白，这是由他从骨髓里散发出来的率真和坦诚所决定的。他是如此坚定，几乎到了死性不改的程度，这让他具备了超越阶级的悲悯和同情，甚至促使他对自身所处地位做出了"高贵的背叛"。

我们一起来读他的《观刈麦》，体会一下这种"高贵的背叛"：

> 田家少闲月，五月人倍忙。
>
> 夜来南风起，小麦覆陇黄。
>
> 妇姑荷箪食，童稚携壶浆。
>
> 相随饷田去，丁壮在南冈。
>
> 足蒸暑土气，背灼炎天光。

---

[1] 见泰戈尔《飞鸟集》299篇，此话或出自帕斯卡尔《思想录》。《思想录》是十七世纪法国数理科学家、思想家帕斯卡尔（1623—1662）的重要理论著作。

力尽不知热，但惜夏日长。

复有贫妇人，抱子在其旁。

右手秉遗穗，左臂悬敝筐。

听其相顾言，闻者为悲伤。

家田输税尽，拾此充饥肠。

今我何功德，曾不事农桑。

吏禄三百石，岁晏有余粮。

念此私自愧，尽日不能忘。

这首诗在读者面前呈现了三幅画面：一是烈日下农民抢收麦子的"人倍忙"，二是贫妇抱子拾穗的"充饥肠"，三是诗人看到这一场景后的"私自愧"。诗人毫不客气地指出，农户如此辛苦忙碌，却要抱子拾穗"充饥肠"的原因是"家田输税尽"——是繁重的赋税，让他们终日"足蒸暑土气，背灼炎天光"，却吃不上一顿饱饭。而自己既没有什么"功德"，又"不事农桑"，却享用"三百石"俸禄，到年终还有"余粮"，他高官厚禄的背后，正是这些在烈日下汗流浃背的农民和他们面黄肌瘦的孩子。白居易的这份觉悟、这份自省、这份羞愧，完全来自他高尚的灵魂底色。

这样的白居易，才是知行合一的儒家子。这样炙热的赤子之心，让白居易不可能仅仅安于做以往先贤语录的复读机。他对人生的体会和见解，注定是极其个人化的、非约定俗成化的，这就促使他必须持续贡献原创的文字、实践全新的表达风格。通常来说，自己的感受，对当下的体认，并不需要多么华丽的辞藻去堆砌雕琢，反而更具有直指人心的力量。这种深挚情感催生出来的诗句，反而是明白晓畅的，极为通俗又极为深刻，它与后世人们所理解的俚俗和白话，有着本质的区别。

反过来讲，白居易所处的年代，正是唐朝科举取士标准走向日益繁复的时代，那为何白居易的科举之路还能如此顺遂？其实不难理解，当一个人可以深入浅出、用极浅白的语言表达极深邃的情感，就说明此人的文字驾驭能力、表情达意能力都已经炉火纯青、登峰造极。在应试时使用一些韵文处理技巧和典籍加工办法，讲一些故作深沉的主旋律、大道理，对他来说其实是降维打击。

这也说明，从高维视角俯瞰低维规则，实在是轻而易举。为何同样才华横溢的韩愈在科举中屡屡碰壁，并不是说白居易比韩愈更有才华，韩愈的问题在于，他是以真心赴假道之考场——真心错付，用力过猛，太过虔诚。

04

成为白大人的白居易，一方面努力做好本职工作，另一方面，那段自己亲手葬送的爱情带来的痛苦感受，他一直在寻找机会抒发出来。

唐代繁荣富庶，万国来朝。科举的兴起，给了年轻官僚子弟投身报国的舞台。然而，沉溺于情爱、追求恋爱自由的人，却属于另类，或者说，在严肃场合公开"秀恩爱"，有点非主流。而白居易的人生价值优先级，却偏偏在少年时，就显现出了和整个社会不那么相融的情况。舍弃掉爱情的白居易，会情不自禁地思考有关爱情的话题。幸运的是，老天虽然剥夺了他爱一个平民之女的权利，却赐给了他一个能够与之产生共鸣的同窗元稹。

二人的友谊，让这种不可告人的内心秘密有了交流的机会，当有人倾听、也有人共情时，白居易内心世界的表达，自然而然会从深夜呓语转为更加公开、更为升华。所以，在白居易独特的命运轨迹里，首先让他闻名天下的，是他的爱情诗歌。对于一个苦读整个少年时代、为成为一名士大夫而作了长期准备的读书人来说，这其实是一种意外。但这种意外在某种程度上意味着，他种下什么因，就会结出什么果。早年的他，是在恋爱的滋养下活着，书写情诗才是他的天命。

通过以上分析，我们不难理解，白居易对爱情话题的关注，也是人之常情。白居易能够成为日后的长恨歌主，也是水到渠成。

就创作《长恨歌》的缘起而言，上文曾两次提到，白居易于元和元年（806）四月应制举，与元稹同登"才识兼茂明于体用科"，白居易以对策语直，入第四等，同月二十八日，授盩厔尉。

盩厔为京兆府的属县，位于京城长安西南约一百三十公里。任职期间，白居易与隐居此地的王质夫、寓居此地的前进士陈鸿结为好友，常去附近的仙游寺游玩。陈鸿在《长恨歌传》中披露：唐宪宗元和元年（806），白居易在陕西周至县当县尉时，结识了他和王质夫。三人同游仙游寺，谈到了唐明皇与杨贵妃的爱情"八卦"，都非常感慨。

王质夫对白居易说，这种世间少有之事，一定要有不世之才将其润色成文字流传，不然就随风而逝、消踪匿迹了。你深于诗、多于情，就试着为他们作首歌吧？虽然陈鸿在后面又补充了一句"乐天因为《长恨歌》，意者不但感于事，亦欲惩尤物，窒乱阶，垂于将来者也"[1]，但很显然，后面的话只是冠冕堂皇的说辞，前面的记述才是事情的真相。

而白居易立即心领神会，牢牢接住了这份"天降大任"，写出了这首情意绵长、文质兼美的《长恨歌》。当白居易全面入戏，去为杨贵妃和唐明皇的爱情代言的时候，他用上了积累多年的情感共鸣。一个诗人如何虚构一出他并不在场的爱情呢？如何做到虽不在场又如同在场，把杨贵妃的容貌、神态和唐明皇的深情、辜负写得如此具体、生动、毫发毕现呢？

当然，他必须用上自己的经历作为依据。其实，用文字去言志、去载道、去展现哲思，这些都可以作假，但唯独抒情不能，假惺惺的情感很容易被识破。《长恨歌》经历了漫长的岁月、无数的读者，仍然具有感人肺腑、震撼心灵的力量，"以易传之事，为绝妙之词，有声有情，可歌可泣"[2]，这其中作者倾注了多少自身真切的血泪，可想而知。

"汉皇重色思倾国，御宇多年求不得"，如果说，白居易当年不要功

---

[1] 见陈鸿《长恨歌传》。

[2] 见清代赵翼《瓯北诗话》，《瓯北诗话》是清代中国诗歌理论批评著作。

业要爱情的疯狂，是脑子不清醒或者不务正业，那么，开创了"开元盛世"的唐玄宗呢？一代君王，功业已成，可他念念不忘的还是爱情。白居易试图将自己代入唐玄宗的角色，去思考一个生命渴望爱情，是否就是不可原谅的罪过？

无论是庶人、大夫，还是臣下、天子，那些沉溺于爱情的人，最后的结局，是否只能是为了更加高尚的理由而舍弃爱情，直至走入心灵的刑场和人生的坟墓？这是白居易推己及人、不得不去深入思考的问题。

"玉容寂寞泪阑干，梨花一枝春带雨"，这分明就是用湘灵的容貌直接脑补了杨贵妃的形象，"排空驭气奔如电，升天入地求之遍。上穷碧落下黄泉，两处茫茫皆不见"，这其实正是湘灵走后，白居易无数次登高望远、上下求索，又无数次失望的写照。生活中的白居易只能表面不露声色，任由内心被思念的海啸一阵阵席卷，可是在书写别人的故事时，他却可以纵情想象，用夸张的语言表现主人公的内心世界。

"惟将旧物表深情，钿合金钗寄将去。钗留一股合一扇，钗擘黄金合分钿。但令心似金钿坚，天上人间会相见"，结合这些信物的细节描写，再看白居易的《感镜》等诗篇，可知这就是白居易和湘灵离别时的情节。这首诗，同样写于下邽那个"野火烧不尽，春风吹又生"的情境下：

《感镜》

美人与我别，留镜在匣中。

自从花颜去，秋水无芙蓉。

经年不开匣，红埃覆青铜。

今朝一拂拭，自顾憔悴容。

照罢重惆怅，背有双盘龙。

这种睹物思人的回忆暴击，白居易太熟悉了。"君王掩面救不得，回看血泪相和流"，这个得到天下最高权力的唐玄宗，保护起自己深爱的女子却是这样的无力和无奈。可见，在爱情的修罗场上，人人平等。不知白居易在写下唐明皇的爱而不得时，是否对自己的终身遗憾感到了些许安慰。

总而言之，白居易暗涌多年的心事加上因缘际会，导致他成为写作这首大型抒情叙事长诗的不二人选。就像白居易表面完美的人生其实更需要爱情的滋润一样，虽然由于身处盛世的原因，使得唐代诗人们情不自禁地去书写征服世界的豪迈与追求事功的努力，但他们在探索人心幽微和揭露人性复杂这一方面，还留有大量的空白。

事实证明，历史前进的过程，就是填补空白的过程，越是有空白，越是需要填补。《长恨歌》的出现，于当时的人们好似久旱逢甘霖，而白居易的诗名由此火遍大江南北，也就成为顺理成章、情理之中的事。

人生在世，除了儒家学说教导人的那些，还有一种神秘、说不清道不明的东西，那就是爱情。喜欢美丽的女孩，沉溺于美好的爱情，这对于人性来说是多么正常的事情，可是白居易的经历却赤裸裸地证明，这种青春的萌动、人性的渴望是不被允许的。为什么不被允许呢？究竟是人的欲望错了，还是世俗的规矩错了？白居易的痛苦究竟是谁造成的呢？

白居易一生都受困于这个问题，可是他太孤独了，孤独到公开问出这样的问题都显得惊世骇俗。于是，他只好把这些思考转移到他必须要做的事情上、必须要写的文章里。他对情感的忠诚，对人性的忠诚，使他成为一个超越阶级的、追求平等的、具有民本思想的、至真至情的人。而至真至情，则使他创作出《长恨歌》、《琵琶行》等一系列让唐诗风貌焕然一新的作品。

文学史的每一步，都是那些忠于自己、忠于当下的人，以其独特的人生体验和感悟，把求索的痛苦沉淀为时代的原创力量，全力向前推进而成的。

当白居易悄悄地把用来言志的诗歌当成写情的载体时，他似乎无法想象，在他走后的北宋，用宋词去填写人间恋情的种种悱恻，会成为一种时代风尚。在紧随其后的元代，当他关心的市民阶层成为文学消费的重要话题，爱情故事再也不是读书人背地里书写的秘密。元杂剧中，各种版本的恋情故事被人们欣赏和品评，他所创作的《长恨歌》《琵琶行》，包括以他自己的故事为蓝本、由后人改编创作的《墙头马上》，会成为当时的文学奇观。他在雨夜中思索的人生价值问题，他个人无法释怀的情爱执念，会在《牡丹亭》《红楼梦》中反映出来，得到人们正面而具体的关注。甚至在《牡丹亭》《红楼梦》风靡华夏的那几百年中，在世界的另一端，会掀起两场大的思想解放运动，一场叫文艺复兴，一场叫启蒙运动。在这两场重大思想解放运动的洗礼下，这种对爱情主题、人性欲望的正视和披露，会成为整个世界文学创作的重要组成部分。以至于在其后的岁月里，会涌现出一大批音乐人、填词人，他们不需要士大夫的头衔、光环，仅仅靠叩问一个普通人的情绪，就可以安身立命、收获大批"粉丝"，并引发一个时代的共鸣。

其实，无论是爱情叙事诗诗人，还是讽喻诗主张的提出者，或者是通俗化诗歌的倡导者，从外在看，这三者似乎是朝向不同的方向，有着不同的着力点，但从内在看，却都是出于同样的人生困境，都是要在困境中找出自我医治、自我救赎之路。作为一个以文为生的人，这样的出路，对其来说实在是殊途同归。白居易最负盛名的作品写于这个时期，他是长恨歌主，是新乐府运动的发起人，是写下"野火烧不尽，春风吹又生"的白话诗魔，他的那些看似迥然不同的诗作，却因其内心深处一个同样的秘密而诞生。

它们的外在形式可能南辕北辙，一边是风花雪月的文艺作品，一边是承载政治诉求的美刺之诗。然而，在本质上，它们却都是白居易复兴中国文学最初基因，即抒情传统的手段。同时，白居易的诗歌也揭示出，中国传统文化在塑造社会人格的传承中，在"乐而不淫，哀而不伤"[1]的自我麻痹中，势必走向人性的困局。而白居易作为一个提前醒来的人，面对人性觉醒的力量，不得不走上一条彻底否定和反叛的突围之路。

---

[1] 出自《论语·八佾》。

05

元和六年（811）四月三日，白居易的母亲病故，诗人怀着对亲人故去的悲伤和政治上的苦闷，回到了下邽。

下邽这个地方，是白居易的祖宅所在地。在二十九岁到五十三岁这段时间，白居易曾经数次回到下邽。人一生中回祖宅几次是很平常的事，探亲、祭祖、丁忧、路过，都是回乡的理由。

白居易在青壮年时期几次回到下邽，似乎都是带着湘灵。除了两人相遇、恋爱的符离，下邽应该是白居易留下最多甜蜜和伤心回忆的故地。下邽这个位于陕西渭南的小城，作为白居易的故乡、白家祖宅所在地，曾经承载了他慌乱无措的青春时代。

原本以为可以随风而逝的初恋伤痛，如今席卷而来，全方位袭击着白居易的五脏六腑。当他回到阔别十年的故乡，看到熟悉的房屋和草木，往事如烟，历历在目。这时候的白居易情不自禁地回想起过去十年的仕宦生涯，难免会为当初的选择感到懊悔。

曾经戴着崇拜的滤镜到达的彼岸，如今却变成肮脏伪善、破败不堪的此岸，于是这段下邽乡下的时光，就成了白居易短暂回血和反思过往的沉淀期。

他对所谓的心怀苍生有了更加深入的体会，不再像其他读书人那样，连讲空话和真感情都混淆不清。他在《观稼》中说："自惭禄仕者，曾不营农作，饱食无所劳，何殊卫人鹤"，在《效陶潜体诗十六首》中说："谓天不爱民，胡为生稻粱？谓天果爱民，胡为生豺狼？谓神福善人，孔圣竟栖遑。谓神祸淫人，暴秦终霸王……举头仰问天，天色但苍苍"。他用自己的亲身经历和切实感受捕捉底层劳动者的艰难，从根本上分析老百姓的生存问题，对自己所处阶层的不劳而获和只知空谈有了更为深刻的反省。

此时的白居易，对于仕途的看法与十年前已经大不相同了。十年前，他对自己即将奔赴的仕宦生涯充满了抱负和热情。如今，黑暗、冷酷的现实熄灭了他的幻想，他对自己的未来产生了动摇，对人生的终极价值也有了重新思考，这奠定了他"心足即为富，身闲乃当贵"的人生观，我们来看这首《闲居》：

> 空腹一盏粥，饥食有余味。
>
> 南檐半床日，暖卧因成睡。
>
> 绵袍拥两膝，竹几支双臂。
>
> 从旦直至昏，身心一无事。
>
> 心足即为富，身闲乃当贵，
>
> 富贵在此中，何必居高位。
>
> 君看裴相国，金紫光照地。
>
> 心苦头尽白，才年四十四。
>
> 乃知高盖车，乘者多忧畏。

此时的白居易，不再为了讽谏而写诗，反而说出了许多在官场上无人会讲、无人敢讲的大实话。从前觉得，从入仕开始，能做多高的官就做多高的官，能爬到多高的地方就爬到多高的地方，是顺理成章的事。然而，仅仅十年，白居易就否定了自己当初的认识——所谓兼济之志的施展，和官阶并无直接关系，官阶能够带来外人羡慕的富贵，却也让人卷入更多伪善污浊的旋涡，变得身不由己。

白居易很直白地向世界宣布了他的厌倦。他说："操之多惴栗，失之又悲悔，乃知名与器，得丧俱为害"（《遣怀》），把他在仕途上的精神内耗描写得犀利且精辟。这个时候的白居易，虽然仕途还处在稳定的上升期，大好前程还没有开始，但他已经萌生了退意。

有些人会认为，这种消极的思想，有损于他作为士大夫伟岸高大的形象，却不知，正是这种清醒的明察，才没让白居易泯然众人。厌弃官场和放弃兼济理想不是同一件事，他对官场的冷静思考，恰恰成就了他民本思想的纯粹。

他正在摸索一条践行儒家教化之精髓、同时拒绝沾染其糟粕的全新道路，一条既不远离生活、又为社会做贡献、同时还不必折损自己野性天然的独特道路。他经常自我审视，就像当年审视一朵花的生命一样审视自己的生命。他会盯着自己的画像，观察自己的骨骼，思忖自己的性情，就像是为寻找人生注定的归宿而收集证据：

《自题写真》

我貌不自识，李放写我真。

静观神与骨，合是山中人。

蒲柳质易朽，麋鹿心难驯。

何事赤墀上，五年为侍臣。

况多刚猖性，难与世同尘。

不唯非贵相，但恐生祸因。

宜当早罢去，收取云泉身。

这段带着修复目的的乡下疗伤时光，白居易内心一直压抑着一股不忍重提又按捺不住的心绪。回到下邽，他有了一种属于他自己的近乡情怯，那就是必须接受往事涌现带来的心灵暴击。这些往事如同过电影般跳入他的脑海，自然而然地催促他回忆过去十年的得与失。

白居易的三十岁到四十岁，在旁人看来，是春风得意的十年。金榜题名，洞房花烛，长恨歌主，名满天下，种种羡煞旁人的人生境遇，白居易唾手可得。但白居易在诗中展示的内心世界，却是另一番风景。

他过的每一天，走的每一步，都充满了"我是谁？我在哪里？我为什么不离开？我为什么不快乐？"的疑惑。但是他读过的书，他受过的教育，他听过的故事，都不能提供给他内心冲突的解决之道。于是，他只能如实书写，却无法破解。大多数时候，他还得努力适应现状，努力适应社会，只有在实在绷不住的时候，他才会写诗排遣一番，第二天早上，该上班还得上班，该乐观还得乐观。本以为随着时间的流逝，少年的遗憾可以随风而去，奈何母亲病故，家事要紧，他不得不故地重游，直面往事的侵袭。

所以，这个曾经容纳他轰轰烈烈恋爱时光的地方，就这样触动了他欲忘而不能的"前世记忆"。触景生情，物是人非，一时间，白了的头发，不变的信物，消磨的意气，多病的肉身，治不愈的相思，寻不回的故人，都成了折磨诗人的刑具，也成了他入诗的素材：

《白发》

白发知时节，暗与我有期。

今朝日阳里，梳落数茎丝。

家人不惯见，悯默为我悲。

我云何足怪，此意尔不知。

凡人年三十，外壮中已衰。

但思寝食味，已减二十时。

况我今四十，本来形貌羸。

书魔昏两眼，酒病沉四肢。

亲爱日零落，在者仍别离。

身心久如此，白发生已迟。

由来生老死，三病长相随。

除却念无生，人间无药治。

"家人不惯见，悯默为我悲。我云何足怪，此意尔不知"，一个天性多愁善感的人，在儒业之家长大，总会与他的家庭有点格格不入。一个顶天立地的男儿，怎么能整天悲悲戚戚的，所以白居易只能说"我云何足怪，此意尔不知"，只能怪人与人的情感并不相通。"亲爱日零落，在者仍别离"，这一年，白居易丧母，丧女，接二连三的打击让他痛断肝肠，而这种痛，又往往不可告人，即便他是长恨歌主，下笔如神，尽管他写诗无数，明白如话，可是总有词不达意的煎熬，总有不能释怀的绝望。

于是，"除却念无生，人间无药治"，除了让自己的念头不再跑出来，人间是没药能治自己这"病"了。白居易这是想过多少种办法解脱却又无果，才能写出这样绝望的句子。他为何会觉得自己痛苦得像个病人呢，而且是那种无药可治的病人？因为，他又想起了湘灵。他也许不想提起，他也许想努力忘记，但是在一个下雨的夜晚，他对湘灵的思念之情就像一场大雨，倾盆而下：

《夜雨》

我有所念人，隔在远远乡。

我有所感事，结在深深肠。

乡远去不得，无日不瞻望。

肠深解不得，无夕不思量。

况此残灯夜，独宿在空堂。

秋天殊未晓，风雨正苍苍。

不学头陀法，前心安可忘。

这是一个雨夜，原本以为已经淡忘的往事，又涌上心头。白居易守着这段人生中无以言说的痛，信笔写下了这首《夜雨》。诗人的独白，就好像在向上天告解，"我有所念人，隔在远远乡。我有所感事，结在深深肠"。

那个我思念的人身在远方，我不能去找她，可是我没有一天忘记她。那郁结在我心中的愁绪啊，到了如今，已经深到无法解开。我只能在每一个晚上，伴随这肝肠寸断的痛，点着残灯，独宿在不会有第二个人出现的空堂。

写了这首《夜雨》，还有话没说完，这首诗只是描述了自己在夜雨中思念的状态，却没有分析这种状态的成因以及自己的出路，于是，诗人继续写：

《夜雨有念》

以道治心气，终岁得晏然。

何乃戚戚意，忽来风雨天。

既非慕荣显，又不恤饥寒。

胡为悄不乐，抱膝残灯前。

形影暗相问，心默对以言。

骨肉能几人，各在天一端。

吾兄寄宿州，吾弟客东川。

南北五千里，吾身在中间。

欲去病未能，欲住心不安。

有如波上舟，此缚而彼牵。

自我向道来，于今六七年。

炼成不二性，消尽千万缘。

唯有恩爱火，往往犹熬煎。

岂是药无效，病多难尽蠲。

开篇第一句写，学得了很多道理，总算能平静地过日子了，可谁能想到，忽然而至的风雨天，会把自己心中的戚戚意勾了出来。既不是因为富贵虚荣没得到，也不是因为饥饿寒冷无人恤，可自己却愀然不乐地抱膝于残灯前，这是为什么呢？诗人对着影子问自己这样的问题，心里又明知答案是什么。诗人在此停顿了一下，他想，还是不要说出来吧，说点大家可以理解的。

然后，他接着说，自己的哥哥、弟弟都天各一方，自己和他们相隔千里，无法相聚。因为各自都有公务在身，就如同波上之舟，被绳子束缚和牵引，再孤独也不能去找他们。

诗人又说，这些年来他潜心修道，已经修炼了六七年，本以为自己已"炼成不二性，消尽千万缘"，可是，在这样一个雨夜，他突然发现，心中的那股爱情之火，仍然在煎熬着自己。看来，那些修炼之术是没有用的，自己的相思病，无药可救。

这几篇诗作，对于白居易这种士大夫来说，是一种前所未有的反叛。因为这是诗人首度真正以个人的名义，而非假托的姿态，直率地袒露心中的爱与思念。没有顾忌，没有掩饰，只有坦白，只有用穷尽文字的方式来表达心中爱的深沉。

后来，白居易断断续续写下了很多怀旧的诗句。例如，他在《春题华阳观》中说："帝子吹箫逐凤凰，空留仙洞号华阳。落花何处堪惆怅，头白宫人扫影堂"，用秦娥、萧史恋爱升仙的故事，暗指此前自己在此寓居的往事。

他在《梦旧》中说："别来老大苦修道，炼得离心成死灰。平生忆念消磨尽，昨夜因何入梦来"，白居易在被情爱之火煎熬折磨的时候，幸好还有写诗这个办法可以宣泄。

对于白居易来说，这段时间是一段难得的放空岁月，他等于是脱下了官袍，也卸下了仕途上的紧绷和疲惫。在乡下，这个儒家士大夫又变回了自然人，又找回了曾经迷失的自我。虽然湘灵的离开，成为他生命中永远的创口，但正是这个赤裸裸地呈现在诗人面前的创口，才引发他写出了惊世之作。

白居易的代表作《赋得古原草送别》，正是写于这个阶段：

> 离离原上草，一岁一枯荣。
> 野火烧不尽，春风吹又生。
> 远芳侵古道，晴翠接荒城。
> 又送王孙去，萋萋满别情。

以"离离"修饰植物，最早来自《诗经·王风·黍离》的"彼黍离离，彼稷之苗。行迈靡靡，中心摇摇"。关于此诗的写作背景和作者，有不同的说法。《韩说》曰："昔尹吉甫信后妻之谗，而杀孝子伯奇，其弟伯封求而不得，作《黍离》之诗"。《毛序》曰："周大夫行役，至于宗周，过故宗庙宫室，尽为禾黍，闵周室之颠覆，彷徨不忍去，而作是诗也"。还有人认为，这是春秋时期卫宣公的儿子寿，纪念其兄长伋被害之作。郭沫若先生认为，这是旧贵族忧叹自己衰败的诗。余冠英先生认为，这是流浪者诉说忧思的诗。蓝菊荪先生认为，这是一个爱国志士忧时忧国的厌战之诗。

以上各位先生的解释，都和他们所处的时代、所经历的时代思潮有关。从这些解释中，似乎看不出白居易化用"离离"一词有何意图，但这首诗接下来的两句非常有名——"知我者，谓我心忧；不知我者，谓我何求"。这句话要表达的意思已经不言而喻了，情海宦海沉浮十几年，白居易热情期盼、热切等待的，无非就是一个知我者而已。

在《赋得古原草送别》一诗中，"原上"指的是渭水下邽的原上。"离离原上草，一岁一枯荣"，既描绘了原上送行时眼前之景物，又写出了"古原草"的顽强生命力。在人人可见、人人可感的客观景物中，升华出"野火烧不尽，春风吹又生"这一具有普遍意义的哲理，写出了"原上草"的特殊品格。

下邽的历史源远流长。在周代，渭水上游有一个叫"邽戎"的古部落。春秋前期，秦武公在位期间，征服了陇山以西的邽戎、冀戎，设立了华夏最早的县——邽县和冀县。秦武公在征服渭水流域之后，将一部分邽戎迁居到了渭水下游，建立了下邽，即现在的渭南，原先的邽县，则改称为上邽。

我们可以总结一下《赋得古原草送别》一诗的写作背景：白居易母亲于两年前去世，白居易在距金氏村西北方向三里许的北原修建了白氏陵园，将祖父、祖母、父亲、外祖母、四弟白幼美的灵柩从外地迁来，和他母亲的灵柩葬到了一处，从祖兄白皞[1]从华州赶来参加迁葬仪式，白居易为其送行，此为第一个层面上的写作缘起；三十三岁时，白居易将恋人湘灵带到下邽安置，随后，二人被迫分手，从此湘灵就成为白居

---

[1] 见《白居易年谱》。

易魂牵梦绕的牵挂，此为第二个层面上的写作缘起。

"离离原上草，一岁一枯荣"，其最初的意思为白氏家族代代传承、生生不息，但这仅为写作缘起，以"原上草"的顽强生命力，来象征家族的传承不息。更进一步，从白居易的潜意识来看，深刻影响他一生的，是其与湘灵生离死别的恋情。这种人性的生命力，也同样是"野火烧不尽，春风吹又生"，是无法被消灭的。白居易巧妙地从"离离原上草"生发出"野火烧不尽"，千古名篇由此诞生。

白居易深知，文学创作完全可以超越现实，从而成为艺术的真实与想象。"远芳侵古道，晴翠接荒城"，其所描绘的场景也能证明，原上就是下邽——"古道"连接着遥远的"荒城"，所以它不是都城长安，而是完全符合下邽原上的特征。

"又送王孙去，萋萋满别情"，这里点题"送别"。所送别者是自己家族中的从兄，诗人应该怎样称呼他？换一个角度来思考，如果所送别者为朋友，就没有必要以"王孙"来虚写，其完全可以在题目上明言。正因为所送别者为从兄——自家兄弟，而白居易在人生的这个阶段，满脑子都是家族荣耀，因此以"王孙"代指从兄，几乎是一个下意识的选择。

此诗名中有"赋得"二字，实际上却超越了"赋得"的诗体形式，成为一种具有高度概括力、超越现实场景的创造式写作，它是家族生命延续、爱情之火不熄、艰难困苦状态下坚韧不拔的奋斗意志，以及远别送行之情等多重主题混合意象的表达。

对《赋得古原草送别》一诗多重主题的揭示，其实也是在展露一种"只可意会，不可言传"的创作内情，即好的作品是人生经历的沉淀，而不只是天才的脱口而出。公开表达和个人隐私之间，存在着千丝万缕的联系。当一种情怀占据一个人的生命时，它就会浸染成一种生命的底色。一旦这种情怀是禁忌的、不能公之于众的，但又是压抑不住、需要宣泄的，就会迫使诗人寻找合适的时机，既可精准地传达其内在的情绪，又可恰到好处地为隐秘之情涂上保护色。正是这种隐情的内在驱动，使得白居易从思想上成为儒家藩篱的越界者，在艺术形式上滋生出平民意识。

魏晋六朝时期，觉醒的人性和升华的爱恋倒退为生理需要和感官享乐。到了唐朝，诗人们重新振作，让诗再度言志。在整个中国诗歌发展链条中，白居易特殊的人生经历让他获得了古诗诞生时的书写密码，因此，他的诗既具备了《古诗十九首》的惊心动魄，又在字面上做到了浅近直白、通俗易懂，同时还蕴藉深沉、富于情致，可以在不同的生命阶段激发出色彩各异的火花。

以往有关白居易的研究，都将该作品视为其十六岁之前的神童之作。白居易自编诗集，将这首诗作放在其考中进士之前，尤其是明显地放在其十五岁诗作之后，是否是白居易自己的记忆发生了混淆？

其实，正如白居易在作品中一直虚化自己的家族历史一样，在编辑自己诗集的时候，夸耀一下自己曾经是个天才少年，也无可厚非。退一步讲，遮蔽诗作原本含有的思念湘灵的主题，在儒家礼教盛行的时代，也不失为一种策略。

肆

白居易贬谪之谜

01

元和十年（815），白母的丧期刚过，白居易重返朝廷。这时的朝中暗流汹涌，宰相武元衡被平卢节度使李师道派人刺死，白居易虽改任太子左赞善大夫，仍然首先上表给唐宪宗，主张追捕凶手。宦官集团攻击他，说他是太子的侍从官，不该参与朝政，更不该抢在谏官的前面提意见。还造谣说他不孝顺母亲，把她推下井里淹死。又说白居易在母亲看花落井后，还写了《落花》和《新井篇》等诗作。

白居易一直写关于赏花的诗篇，反倒是在居丧期间没有见到，而《新井篇》，遍搜白居易文集，却并无此篇。其实，我们只要稍作思考就会明白，说白居易在居丧期间，写了《落花》和《新井篇》，那只是一个托词，真正的原因是，白居易在左拾遗任上越职言事，但这又不能成为一个明确的罪名，所以，就得找一个礼教范围内的罪名。这样做的妙处在于，谁也不能说他罪不至此，但谁也不敢说他无罪。

总之，就是给他扣上"有违名教"的帽子。

在一连串恶毒的攻击下，唐宪宗不问青红皂白，就把白居易贬为江州司马，实际上是把他排挤出了朝廷。白居易在江州任司马，虽然名义上是刺史的副手，实际上是没有权力的。

诏命下达，刻不容缓，即刻就要离京，甚至和杨虞卿都没来得及告别。白居易匆匆写下书信寄给杨虞卿，信中写道：贬我左迁的诏书刚下达，明天就得启程，足下要是从城西赶过来，到昭国寺和我会合，已经来不及了。唐代的律法规定，被流放贬谪的犯人，是身负遣罪的，各郡县不得偏袒宽容，许其停滞，如果犯人被发现在路上多做逗留，相关人员都要受连累。[1]

在唐代，"左降官量情状稍重者，日驰十驿以上赴任"[2]，如不遵守，罪加一等。唐代三十里设一驿站，十驿就是三百里。按照上述规定，左

---

[1] 见白居易《与杨虞卿书》。

[2] 见《唐会要》。

降官须一天赶三百里路，日程紧迫，很多人因此而丧命。当时，这个诏命一颁布，"是后流贬者多不全矣"。

我们可以想见，官员一旦被贬为左降官，装束假短，且日程紧迫，情形有多么惊心动魄。白居易在突然之间获罪——一夜之间，从太子左赞善大夫贬为江州司马，而且是立即启程，马不停蹄。奔赴江州途中，白居易在经过蓝田、商州时，留下《初贬官过望秦岭》一首："草草辞家忧后事，迟迟去国问前途。望秦岭上回头立，无限秋风吹白须"，记录了他草草辞家的狼狈和落魄，更重要的是那种得罪了天子后，不知如何安放身心的恐惧和忧愁。

02

白居易南下襄阳。从襄阳开始，他转为舟行，夜宿鄂州。这段水路，注定是白居易这一生中的又一段必经之路。在一个江月澄澈、夜泊孤舟的晚上，白居易却因为听到了一阵歌声，而引发了一段"奇遇"：

《夜闻歌者·宿鄂州》

夜泊鹦鹉洲，秋江月澄澈。

邻船有歌者，发调堪愁绝。

歌罢继以泣，泣声通复咽。

寻声见其人，有妇颜如雪。

独倚帆樯立，婷婷十七八。

夜泪似真珠，双双堕明月。

借问谁家妇？歌泣何凄切？

一问一沾襟，低眉终不说。

这首诗讲的是白居易宿鄂州时，夜泊江上，当晚月色澄澈，又添了一阵动听的歌声。歌声发调愁绝，如怨如诉，如泣如咽。白居易情不自禁地循声寻人，结果发现了一位容颜如雪的妇人，独倚舟楫站立。这个容颜如雪的女子哭得有多美？白居易形容她"夜泪似真珠，双双堕明月"。他去和妇人搭话，问她是谁家的妇人？为何哭得如此伤心？可是妇人却没有回答，只看到她泪珠滚滚，打在衣衫上。洪迈《容斋随笔》对此有如下批评：

> 白乐天《琵琶行》，盖在浔阳江上，为商人妇所作。而商乃买茶于浮梁，妇对客奏曲，乐天移船，夜登其舟与饮，了无所忌，岂非以其长安故倡女，不以为嫌邪？集中又有一篇，题云《夜闻歌者，时自京城谪浔阳，宿于鄂州》，又在《琵琶》之前。其词曰："夜泊鹦鹉洲，秋江月澄澈……"陈鸿《长恨歌传序》云："乐天深于诗，多于情者也，故所遇必寄之吟咏，非有意于渔色。"然鄂州所见，亦一女子独处，夫不在焉。瓜田李下之疑，唐人不议也。今诗人罕谈此章，聊复表出。

说白居易这次贬谪，一路上不是在浔阳江上和商人妇同舟对饮，就是在鹦鹉洲中和女子独处。女子的老公都不在家，白居易也不避嫌，不怕瓜田李下、有损风化。虽然陈鸿早就评价白居易"乐天深于诗，多于情者也"，但洪迈还是认为白居易有点太胆大妄为。唐代的风气确实要比宋代开放很多，但也不能摆脱人言可畏，不然白居易也不会因为"有伤名教"而被贬为江州司马。

当然，洪迈也不忘回护白居易，说他"所遇必寄之吟咏，非有意于渔色"。因为当时的白居易确实不是一个风流浪荡的人，也确实立下了"所遇必寄之吟咏"的形象。如同其《洛中偶作》所说："遇物辄一咏，一咏倾一觞"。白居易不仅做了瓜田李下的事，还不断记录下来，可见这次从长安至江州途中遇到的人和事，都给白居易带来了不小的冲击。再看同样写于这段时间的《逢旧》：

我梳白发添新恨，君扫青蛾减旧容。

应被傍人怪惆怅，少年离别老相逢。

这首诗已经写得很明显了，所谓少年离别者，应该正是十一年前、白居易三十三岁时"五年不见面"之人。现在的白居易正遭贬谪，历尽沧桑，旧愁新恨集于一身，早已不再是当初那个少年。湘灵也改变了容颜，和记忆中他朝思暮想的脸庞有了很大差异。

两人四目相对，欲说还休。此时旁边还有很多人看着，又不能在众目睽睽之下流露真情，只好淡淡地寒暄几句："我们过去认识，这么多年未见，老大相逢"。

寥寥数笔，将那种万千滋味涌上心头，却必须极力克制、强装淡定的状态写得十分传神。"少年离别老相逢"，如前所述，二人最后的离别，或是发生于公元804年，或是发生于公元806年，到白居易江州之行的元和十年（815）深秋，已经过去将近十年的时间。

而"傍人"是谁呢？我们可以参见白居易的另一首诗："三声猿后垂乡泪，一叶舟中载病身。莫凭水窗南北望，月明月暗总愁人"（《舟夜赠内》），写明他的家眷就是相伴同行的人。

遇到湘灵，应该正是后来《琵琶行》的基本写作背景，或者说是写作缘起。而上面那首诗中"有妇颜如雪""娉婷十七八"的哭泣女子、白居易在江上闻声寻找的人，也可以证实就是湘灵。我们可能觉得，"娉婷十七八"，年龄或许不符，但这里应该不是实写，而是白居易猛然见到日思夜想的初恋时，脑海中瞬间浮现出记忆中的熟悉容貌。

这是认出故人时的真实反应，很多电影在处理故人重逢时也会用到这样的手法。白居易将这种瞬间记忆闪回，写入诗句里面，却不知不觉泄露了天机。全诗由景色渲染到声音渲染，再到人物特写、人物对白，每一个画面都充满了情绪的张力、渲染了悲情的氛围，塑造出一种如梦如幻的重逢场面。

白居易《臼口阻风十日》诗云:"世上方为失途客,江头又作阻风人。鱼虾遇雨腥盈鼻,蚊蚋和烟痒满身。老大光阴能几日?等闲臼口坐经旬"。此诗可以作为白居易《夜闻歌者·宿鄂州》和《逢旧》这两首诗的小的环境背景,从中也可知其心情之苦闷。在臼口、鹦鹉洲附近遇风受阻,停泊多日,腥味盈鼻,蚊蚋烟瘴,根本不是白居易描写的那般静夜无尘、月色如银。或许只有在回忆涌起、朝思暮想之人近在眼前时,才会让周遭无论多么恶劣的环境,都蒙上梦幻的滤镜。

正是因为有着"应被傍人怪惆怅"的顾忌,白居易必须隐忍克制,但这不符合白居易的性格,他是那种只要情绪上来、必须得到宣泄的人。于是,他又一次使用了当年写《长恨歌》的方法,将《逢旧》中的感慨和情节,借一段旧的故事框架渲染开来。湘灵是懂唱歌的,而这一切往事的闪回,又是通过江上、月色、歌声、重逢等元素共同酝酿出来的,把旧作《听崔七妓人筝》和《江南遇天宝乐叟》的情节整合,再把与湘灵重逢的感慨和对话嵌入,就可以让白居易足够盛大、足够热烈、足够投入地纪念这场因逢旧而引起的内心海啸。

除了《琵琶行》,白居易在同一时间还写了《江上送客》:

> 江花已萎绝,江草已消歇。
> 远客何处归?孤舟今日发。
> 杜鹃声似哭,湘竹斑如血。
> 共是多感人,仍为此中别。

以及《秋江送客》:

> 秋鸿次第过,哀猿朝夕闻。
> 是日孤舟客,此地亦离群。
> 濛濛润衣雨,漠漠冒帆云。
> 不醉浔阳酒,烟波愁杀人。

这些诗作为散乱的拼图，拼出了白居易创作千古名篇《琵琶行》背后所有的故事背景，如此一来，重读《琵琶行》全文，我们就会发现该诗更加丰富的情感内蕴。白居易巧妙地运用他所擅长的音乐描写手法，去体现他和生命中曾经错失的"知音"的一段"同是天涯沦落人，相逢何必曾相识"的故事。

诗中云："商人重利轻别离，前月浮梁买茶去。去来江口守空船，绕船月明江水寒"，一句"商人重利轻别离"，可谓是精光四射，意蕴无穷！从表面来看，此句所写当然是诗中琵琶女的悲伤，而更深一个层次，则可以解读为湘灵的自述，是其对和白居易离别之后自己婚姻生活的哭诉。一个人一旦拥有过这样的恋情，恐怕真的很难接受新的感情。有了此前的沧海之情，那么后来的杯水之情，就显得淡而寡味。换一个角度讲，这又何尝不是白居易对自身的反省和忏悔？当年自己不也一样，为了功名利禄而轻别离吗？二十九岁，为了考进士而别离；三十一岁，为了吏部铨试而别离；三十三岁，因为母亲反对和礼法难容，从而选择最后的别离！

"夜深忽梦少年事，梦啼妆泪红阑干"，在上文的基础上，再来解读这两句诗，会发现这是二人十年离别之情的高度浓缩，是白居易十年离别，多少次梦中相会、梦醒痛哭的凝练表达！

这些背景都了解后，我们再来读"同是天涯沦落人，相逢何必曾相识"，就会认识到原来是这样一种欲盖弥彰。这个世界也许存在一见如故，但真正的陌生人如果产生似曾相识的感觉，他们通常选择的表达方式，应该是林黛玉和贾宝玉初见的那种："好生奇怪，这个人怎么看着这么眼熟"，用这样的正面表达来体现虽然不曾相识却好似见过的奇怪和惊喜，而不是绕一圈说"相逢何必曾相识"。

但如果这句诗的思维逻辑是产生于一对故人重逢，假装陌生却又情不自禁地流露很多故人之念时，就变得顺理成章了——我们不必曾经认识，单凭同是天涯沦落人，就可以让此次相逢聊到"添酒回灯重开宴"：

我从去年辞帝京，谪居卧病浔阳城。

浔阳地僻无音乐，终岁不闻丝竹声。

住近湓江地低湿，黄芦苦竹绕宅生。

其间旦暮闻何物？杜鹃啼血猿哀鸣。

春江花朝秋月夜，往往取酒还独倾。

既然不能承认相识，不能公开表达离别之后的寂寞和思念，那就只能继续借助音乐聊心事了。白居易通过自述辞京谪居后再无入耳音乐的遭遇，告诉琵琶女说，自从你走后，曾经沧海难为水，所有的"春江花朝秋月夜"，都是我一个人取酒，一个人独倾。

江州逢旧，这是有情人白居易蜕变为士大夫白居易后，对前尘往事的一番反刍和整理，也意味着白居易的自由灵魂，在情爱人生和仕宦人生双重失败的至暗时刻，即将冲决而出。

03

江州这次逢旧，好像是命运的一次刻意安排，让他前半生所有的执念都在这个人生的至暗时刻轻轻化解了，那些曾经捆绑他、摆布他、控制他、撕扯他的念头，对爱情、官禄的向往，对在二者之间必须作出取舍的痛苦，都在江州的种种"奇遇"中，突然消失了，"有违名教"这个罪名，再也PUA（精神操控）不了他。

从江州开始，白居易的人生路途发生了转变，已经写完了《长恨歌》《琵琶行》《卖炭翁》的他，不再歌咏可遇而不可求的爱情，也不再为百姓呼号呐喊，他开始转向生命的内在，而在内在生命中自得其乐的他，最爱写的就是杂律诗。

《与元九书》中，白居易对元稹讲明了他对三种诗歌类型的看法：

故仆志在兼济，行在独善，奉而始终之则为道，言而发明之则为诗。谓之讽喻诗，兼济之志也；谓之闲适诗，独善之义也。故览仆诗者，知仆之道焉。其余杂律诗，或诱于一时一物，发于一笑一吟，率然成章，非平生所尚者。但以亲朋合散之际，取其释恨佐欢，今诠次之间，未能删去。他时有为我编集斯文者，略之可也。

虽然这些杂律诗对当时的白居易来说，就是"诱于一时一物，发于一笑一吟，率然成章"的作品，他认为并不重要，日后编选文集时可以舍去。如白居易所料，这些作品非但没有助力提升白居易的诗名，反而成了别人崇拜他、敬重他的"障碍"，甚至很多人认为这是白居易的"污点"，如果他不写就好了。但在笔者看来，这些杂律诗，非常有品读意义，它们的存在，正好描绘出一个鲜活生动的白居易形象。即便相隔千年，也让人觉得，原来在古人的生活中，也有这些情绪内耗，也有对年龄、容貌和健康的焦虑，古人也和我们一样，有着发发微博、群聊吐槽的日常。

显然，写杂律诗的白居易是自由的。而这种自由，在漫长的古代中国，是极为罕有的。

在白居易自由书写的杂律诗中，他表现出了对年龄的分外敏感。贞元十七年（801），三十岁的白居易就开始感叹自己老之将至，感叹年龄递增、岁月匆匆。以下诗句就是白居易众多岁月日记中的冰山一角："酒盏酌来须满满，花枝看即落纷纷。莫言三十是年少，百岁三分已一分"[1]，"何况镜中年，又过三十二"[2]，"忽因时节惊年几，四十如今欠一年"[3]，"我年五十七，荣名得几许？甲乙三道科，苏杭两州主"[4]，"身为三

---

[1] 见白居易《花下自劝酒》。
[2] 见白居易《秋思》。
[3] 见白居易《寒食夜》。
[4] 见白居易《和我年三首》。

品官，年已五十八"[1]。

除了随时随地记录自己的年龄和心境，白居易还不断感慨自己的白发和脱发现象。三十岁写"多病多愁心自知，行年未老发先衰。随梳落去何须惜？不落终须变作丝"（《叹发落》），三十六岁写"白发生一茎，朝来明镜里，勿言一茎少，满头从此始"（《初见白发》），三十九岁写《早梳头》：

> 夜沐早梳头，窗明秋镜晓。
>
> 飒然握中发，一沐知一少。
>
> 年事渐蹉跎，世缘方缴绕。
>
> 不学空门法，老病何由了。
>
> 未得无生心，白头亦为夭。

江州时期的白居易对白发已经是"躺平"心态："不觉流年过，亦任白发生"（《咏怀》），四十岁时则是"白发知时节，暗与我有期"（《白发》）。本来就对时光飞逝分外敏感的他，每当看到自己的白发，就牵动了他把握不住流年的神经。他明明是最年轻的翰林、最意气风发的进士，可是在失意的岁月里，正如他感叹自己三十六岁就生白发一样，早早就有了一颗怕老又敏感的心。

和担心早生白发一样，让他每日对青春流逝胆战心惊的，还有他的脱发症状。他在《沐浴》中写道："经年不沐浴，尘垢满肌肤。今朝一澡濯，衰瘦颇有余。老色头鬓白，病形支体虚。衣宽有剩带，发少不胜梳。自问今年几，春秋四十初"。他在《白发》中写道："雪发随梳落，霜毛绕鬓垂"，雪白的头发随着梳子簌簌地往下掉。于是，他像写日记一样不断地吐露对脱发的无奈和心疼。他还写了一首诗叫《吾雏》：

> 吾雏字阿罗，阿罗才七龄。

---

[1] 见白居易《偶作两首》。

嗟吾不才子，怜尔无弟兄。

抚养虽骄騃，性识颇聪明。

学母画眉样，效吾咏诗声。

我齿今欲堕，汝齿昨始生。

我头发尽落，汝顶髻初成。

老幼不相待，父衰汝孩婴。

缅想古人心，慈爱亦不轻。

蔡邕念文姬，于公叹缇萦。

敢求得汝力，但未忘父情。

白居易在四十五岁的时候生了女儿阿罗。阿罗七岁时，白居易五十二岁，这时白居易已是"头发尽落"的状态，而小女儿的头发刚刚长成，梳了顶髻。没头发的白居易，对着刚刚长好头发的小女儿，一边自嘲老来得女，一边抒发自己人生已经进入下半场的惆怅和焦虑。

脱发的人最怕洗澡，白居易也一样。他曾经写过一首《因沐感发，寄朗上人二首》，诗文如下：

年长身转慵，百事无所欲。

乃至头上发，经年方一沐。

沐稀发苦落，一沐仍半秃。

短鬓经霜蓬，老面辞春木。

强年过犹近，衰相来何速。

应是烦恼多，心焦血不足。

渐少不满把，渐短不盈尺。

况兹短少中，日夜落复白。

既无神仙术，何除老死籍。

只有解脱门，能度衰苦厄。

掩镜望东寺，降心谢禅客。

> 衰白何足言，剃落犹不惜。

　　他在感慨脱发的同时，不忘连带着分析脱发的原因："应是烦恼多，心焦血不足"，思虑过度，导致气血不足，养不住头发，这辈子注定和乌黑浓密的头发无缘。"既无神仙术，何除老死籍。只有解脱门，能度衰苦厄"，头发变得花白稀少，也是白居易不得不接受的宿命，就像他年轻时戒不掉的情根，四十岁时放不下的仕宦之志，这些都无法让白居易拥有一副少操心的体质，他试图医治，却发现没有神仙术。他无法阻挡自己的白发和脱发，就像只能眼睁睁地望着自己所剩无几的生命一样，唯有修道才能得以解脱。头发如同红尘，让他眷恋而不得，他又写《嗟发落》来调侃自己：

> 朝亦嗟发落，暮亦嗟发落。
>
> 落尽诚可嗟，尽来亦不恶。
>
> 既不劳洗沐，又不烦梳掠。
>
> 最宜湿暑天，头轻无髻缚。
>
> 脱置垢巾帻，解去尘缨络。
>
> 银瓶贮寒泉，当顶倾一勺。
>
> 有如醍醐灌，坐受清凉乐。
>
> 因悟自在僧，亦资于剃削。

　　白居易心疼头发日渐稀少，却又不得不给自己开解的样子非常真实。他表面上写的是头发，实际上写的却是对生命的觉知。在那个士大夫不屑于关注甚至没学会关注自身生命意志的时代，一种精神的叛逆，体现在白居易的写作中。他反复记录这些提醒他青春正在消逝、情爱正在侵蚀健康的体验，书写这种欲罢不能、沉迷其中的生命感知，这无疑也是他全新生命观的体现。

　　应该如何对待人生这些与生俱来的烦恼呢？置之不理、视而不见不是办法，唯有彻底地经历、彻底地记录，哪怕是去发发牢骚、写一些看似消极无聊的口水诗。虽然这些诗无法为自己立德、立功、立言，也无法帮助自己树立高大的形象，但白居易乐在其中。他写了，他发泄了，他接受了，他释然了。

他在诗中淋漓尽致地记录下了生命流逝过程中的所思所想、所感所悟，因此，他也给后世留下了一个鲜活可爱的，在每个年龄段都真实坦白、活色生香的白居易。如果说其他诗人都好像文学殿堂里的偶像、神像，那么白居易对我们来说，就亲切得如同一个活在二十一世纪、天天发朋友圈的人。

除了像写日记一样记录自己头发的情况，白居易写诗的内容遍布一切生活日常，散步、乘凉、做菜、吃饭、钓鱼、睡懒觉，尤其是到了江州之后的白居易，时常话里话外地说，除了写诗能让他上心，其他的都可有可无：

《题座隅》

手不任执殳，肩不能荷锄。
量力揆所用，曾不敌一夫。
幸因笔砚功，得升仕进途。
历官凡五六，禄俸及妻孥。
左右有兼仆，出入有单车。
自奉虽不厚，亦不至饥劬。
若有人及此，傍观为何如。
虽贤亦为幸，况我鄙且愚。
伯夷古贤人，鲁山亦其徒。
时哉无奈何，俱化为饿殍。
念彼益自愧，不敢忘斯须。
平生荣利心，破灭无遗余。
犹恐尘妄起，题此于座隅。

人在逆境的时候，发发牢骚，转换一下注意力，或许是一种逃避之法。写这首诗时，已是公元 824 年，其时白居易已被召回洛阳，任命为太子左庶子。历尽劫波归来，等待他的全是坦途。这时候的白居易依然宣布，仕途十五年，写诗才是他的骄傲。他评价自己的诗"凡此十五载，有诗千余章"、"遇物辄一咏，一咏倾一觞。笔下成释憾，卷中同补亡"（《洛中偶作》）。写诗如同他心灵世界的亡羊补牢，消弭了他的遗憾，造就了他的释然。

有些人随着年龄增长，不再有诗情，只有世情，但是白居易却"不知老将至，犹自放诗狂"[1]。而当初那个他舍掉一切也要全力以赴的辉煌仕途，兜走一圈，不过尔尔。"历官凡五六，禄俸及妻孥。左右有兼仆，出入有单车。自奉虽不厚，亦不至饥劬。若有人及此，傍观为何如"，因为有点笔墨功夫，所以仕途走得还算顺利，可坐下来才发现，自己的笔墨只愿意为心灵记录，而不愿意为禄俸服务。

白居易说自己"虽贤亦为幸，况我鄙且愚"，这既是一种自嘲，一种自黑，也是一种坦诚。他太真实了，不肯为自己设立贤者的人设，只愿承认为官不过是为了讨个生活。那种兼济天下的话，已经无法欺骗当下的他，因为他实实在在地看到了，那些相信了这些话的人，结局不都像古代的伯夷叔齐，化为饿殍了吗？

白居易成了一个"自私"的人，成了一个"独立思考"的人，成了一个不追求严肃和神圣、只追求自由和快乐的人。他不愿意变成一个儒家世界中戒掉七情六欲、只读之乎者也的垂垂老者。他就是对青春和活力充满眷恋和痴迷，所以他成了一个扔掉圣贤面具、坦然交代自己不过是靠俸禄讨生活的俗人。他很温和、很低调，静悄悄地和从前的关注点划清界限，彻底摆脱了被欺骗的风险，如同刻舟求剑一样，去寻找那颗自己当年狠心丢掉的少年心。

---

[1] 见白居易《洛中偶作》。

04

　　一个人一生要走完的路，在少年阶段总会埋下伏笔。一个人一生要完成的功课，在少年阶段一定会找到母题。所有耐人寻味的故事，都是蓄谋已久，只不过梦中人浑然不觉。也许是命中注定，白居易最早评价的历史人物，是王昭君。而昭君身上，包含着他一生都在求解的终极叩问——一个出身卑微的绝代美女，是否只能走向得非所愿的命运归宿：

《相和歌辞·王昭君二首》

满面胡沙满鬓风，眉销残黛脸销红。

愁苦辛勤憔悴尽，如今却似画图中。

汉使却回凭寄语，黄金何日赎蛾眉。

君王若问妾颜色，莫道不如宫里时。

　　写作这首诗时，白居易十七岁，这时的他已经体现出为女性代言的天赋。在诗中，他没有歌颂昭君出塞和亲的英雄主义，而是以理解和同情之心，说出了昭君的盼望。她问使者什么时候可以赎她回去，在胡地的她，过得十分辛苦。然而又嘱咐使者，不能告诉君王如今的她"愁苦辛勤憔悴尽"，一定要把她画得和在宫里时一样美。

　　这是白居易在少年时期就流露出来的怜香惜玉情怀。首先他默认，昭君得到君王垂爱，是因为她美貌惊人。所以昭君唯一的指望，就是君王还肯为她的美色付出赎人的黄金。对比之前李白、杜甫这些顶流诗人写作的咏昭君的诗，白居易已经肯设身处地去构思昭君的内心世界了。

　　先看李白写昭君的诗：

《王昭君二首》

汉家秦地月，流影照明妃。

一上玉关道，天涯去不归。

> 汉月还从东海出，明妃西嫁无来日。
>
> 燕支长寒雪作花，蛾眉憔悴没胡沙。
>
> 生乏黄金枉图画，死留青冢使人嗟。
>
> 昭君拂玉鞍，上马啼红颊。
>
> 今日汉宫人，明朝胡地妾。

在李白对昭君出塞的想象中，突出的是诗人对昭君出塞引发的命运转折的感叹，他感慨昭君这一去不复返的命运，是她没有贿赂画工所导致的。至于昭君出塞之后会如何，李白直接跨越——"死留青冢"了。昭君到了胡地后熬过的一年又一年，就不必书写了，李白的想象力只能到达他感兴趣的地方。

再看杜甫如何评价昭君出塞：

《咏怀古迹·其三》

> 群山万壑赴荆门，生长明妃尚有村。
>
> 一去紫台连朔漠，独留青冢向黄昏。
>
> 画图省识春风面，环佩空归夜月魂。
>
> 千载琵琶作胡语，分明怨恨曲中论。

杜甫作为"诗圣"，比起生前的真实，他更关注对人身后的纪念。所以他从"一去紫台连朔漠"直接过渡到"独留青冢向黄昏"。他给予同情的，不是昭君自己的人生，而是对着画图怀念、错失美人的君王。

通过以上对比，可知白居易天性中不同于其他男性的地方。他足够细腻和敏感，能跳出男性得失的视角，做到与女性平等地共情。这是他日后创作《长恨歌》和《琵琶行》的基础，也是他命中注定是个有情人的预兆。他的这种痴，在中国古代的文化特型中，是不会被"看见"的，直到《红楼梦》中出现了贾宝玉这一人物形象。

四十七岁时，经历了江州贬谪的白居易，在离开江州之后的旅途中，路过了昭君村。这个时候的他，经历了生命中最刻骨铭心又不堪回首的爱情，在左拾遗任上观察过无数平凡女性的悲惨命运，又在江州逢旧时目睹了初恋情人如今废墟一般的余生，他不能不思考，是什么造成了她们身不由己的人生，是什么让一个女人将幸福完全寄托在未知的嫁娶上。

是否女人把自己的人生寄托于男人所造成的不幸，就如同他当初把人生意义寄托于君王一样？然而，他又能做什么？这时，他再通过王昭君的命运去反思当下，写下了这首《过昭君村》：

> 灵珠产无种，彩云出无根。
> 亦如彼姝子，生此遐陋村。
> 至丽物难掩，遽选入君门。
> 独美众所嫉，终弃出塞垣。
> 唯此希代色，岂无一顾恩。
> 事排势须去，不得由至尊。
> 白黑既可变，丹青何足论。
> 竟埋代北骨，不返巴东魂。
> 惨澹晚云水，依稀旧乡园。
> 妍姿化已久，但有村名存。
> 村中有遗老，指点为我言。
> 不取往者戒，恐贻来者冤。
> 至今村女面，烧灼成瘢痕。

比起他十七岁所认知的王昭君，此时此刻，白居易对这个为皇家、为时代牺牲的女子，产生了更为深刻、更为具体的同情。"灵珠产无种，彩云出无根"，其实是白居易对等级门第的一种质疑。一个美丽的女子出生在一个贫困的村庄，她的命运就注定会蒙上一层悲剧色彩。"至丽物难掩，遽选入君门"，这句话和"天生丽质难自弃，一朝选在君王侧"是同一种意思的不同表达。然而，"独美众所嫉，终弃出塞垣"，美貌不是通行证，招来的却是妒忌和排挤的宿命。

绝世的容颜不能得到君恩的眷顾，阴差阳错中被选中和亲，当君王知道真相的时候，木已成舟，即便是权倾天下的至尊天子也毫无办法。在这句话中，白居易将自身对女性命运的观察和反思，与屈原香草美人的比兴之法结合在一起。他在观察男权之下的女性命运，也在观察王权之下的士人命运，同情他者，也在解剖自己。

昭君只能接受自己连坟冢都不能留在故土的"君恩"。这个历朝历代都被浪漫化、英雄化的故事，如何骗得了那些真心疼爱孩子的父母呢？如今的昭君村，每个女孩一出生就在脸上烫出疤痕，就是为了避免重复昭君远嫁的命运。

民间总是以一种恶俗代替另一种恶俗，这实在是一个可恨又可怜的怪圈。在白居易主攻讽喻诗的阶段，他写下了这首《议婚》，强烈抨击这种令人憎恶的嫁娶风俗：

> 天下无正声，悦耳即为娱。
>
> 人间无正色，悦目即为姝。
>
> 颜色非相远，贫富则有殊。
>
> 贫为时所弃，富为时所趋。
>
> 红楼富家女，金缕绣罗襦。
>
> 见人不敛手，娇痴二八初。
>
> 母兄未开口，已嫁不须臾。
>
> 绿窗贫家女，寂寞二十余。
>
> 荆钗不直钱，衣上无真珠。
>
> 几回人欲聘，临日又踟蹰。
>
> 主人会良媒，置酒满玉壶。
>
> 四座且勿饮，听我歌两途。
>
> 富家女易嫁，嫁早轻其夫。
>
> 贫家女难嫁，嫁晚孝于姑。

闻君欲娶妇，娶妇意何如。

"天下无正声，悦耳即为娱。人间无正色，悦目即为姝"，这段颇具哲学意味的表达，实乃白居易对礼教以正统为名扭曲人性的抨击。哪有什么正声、非正声之别，都是取决于人的体验和感受，而现状就是，贫富和门第成为衡量一切的标准。容貌差不多的女子，门第让她们有了分别。家贫就会被抛弃，家富就会被追求。

白居易在《秋槿》这首诗中，说出了自己的婚姻现状，"男儿老富贵，女子晚婚姻。头白始得志，色衰方事人。后时不获已，安得如青春"，我们从中可以看出他对这种婚嫁制度的反感——它让人错失最好的年龄、最好的青春，即便完成了婚嫁的使命，也难寻华年的美好。白居易反复思考王昭君、杨玉环等人的命运，他不仅把湘灵的命运代入到了前面两位美女的身上，还在阅读《晋史》时，为李势女写了首诗：

《和李势女》

减一分太短，增一分太长。

不朱面若花，不粉肌如霜。

色为天下艳，心乃女中郎。

自言重不幸，家破身未亡。

人各有一死，此死职所当。

忍将先人体，与主为疣疮。

妾死主意快，从此两无妨。

愿信赤心语，速即白刃光。

南郡忽感激，却立舍锋芒。

抚背称阿姊，归我如归乡。

竟以恩信待，岂止猜妒忘。

由来几上肉，不足挥干将。

南郡死已久，骨枯墓苍苍。

肆
白居易贬谪之谜

> 愿于墓上头，立石镌此章。
>
> 劝诫天下妇，不令阴胜阳。

　　李势女就是成语"我见犹怜"这个成语故事的主人公，她的故事经过是这样的[1]：

　　东晋明帝时期，将军桓温是皇帝的驸马，他曾多次北伐，在征伐中英勇善战，为东晋开拓疆土立下了汗马功劳。到了四十岁左右的时候，桓温已经培养了一大批党羽，地位可谓"一人之下，万人之上"。

　　公元346年，桓温向朝廷请奏，想要带兵征伐叛乱的蜀地成汉政权。这本是一件利国利民的事情，但是桓温在没有得到皇帝的正式诏令之前就挥兵北上，攻伐成汉。东晋军队的战斗力非常强大，征伐路上神挡杀神、鬼挡杀鬼，硬是逼得李势开城投降，成汉政权宣告灭亡。

　　战争结束后，桓温前去李势府上拜访。李势的家眷上前拜见，桓温被一名年轻貌美的女子所吸引，此人正是李势的女儿。看到李势的女儿如此年轻貌美，桓温立刻萌生了收其为小妾的念头，就趁着酒劲向李势提出想要纳其女儿为妾。此时的李势是一个亡国之人，身处危难时刻，哪敢有什么意见。他想，自己现在的处境非常不利，如果和桓温结下这桩姻缘，就能够避免祸事。因此，李势非常爽快地答应了桓温的请求。

　　桓温满心欢喜地带着自己新纳的小妾回到了东晋的都城，甚至还专门给李氏找了一个住处。在纳了小妾之后，桓温便沉浸在了温柔乡中，很长时间不回自己的住处，这就将桓温的正妻南康公主激怒了。

　　桓温的正妻身为堂堂一国公主，哪能受得了这样的气。于是，在一天早晨，她趁着桓温去上朝，带着一身怒气，率领着自己的家丁，闯入了李氏的住所，想要杀死勾引自己夫君的女人。

　　李氏看到南康公主来势汹汹，知道自己的处境非常不利，便放下了自己的长发，彬彬有礼地向南康公主赔罪说："我是一个没有家的人，跟着桓温将军来这里也并非本意，您想杀我就杀吧。"李氏的一举一动都娇

---

[1]　最早出自南朝宋刘义庆的《世说新语·贤媛》，南朝梁刘孝标注引《妒记》。

弱无比，再加上她郁郁寡欢的面容，看上去的确是一个受尽苦难的柔弱女子，很是惹人怜爱。

南康公主直接被她的美貌惊住了，她将李氏紧紧抱在自己的怀中，坦言道："姐姐我看到妹妹你这么美，都情不自禁心生怜爱，更何况桓温呢！"于是，南康公主便主动将李氏接回了自己府中，三人一同居住，关系融洽，这算是古代妻妾之间和睦相处的一个典范了。

白居易之所以对这个故事深有感触，想必是这个故事里，蕴藏着白居易某种求之不得的东西。可以大胆推测，白居易和湘灵分手后，曾经幻想像桓温私藏李势之女一样，维持两人的亲密关系。如果白妻可以做到"深明大义"，白居易就能够遂了心愿，妻妾和睦，享齐人之福。

但这样的故事，对新婚时期的白居易来说，只是一种不可能实现的幻想。而他后来妻妾成群，也可能是对早年求之不得的一种报复。所以白居易在诗的最后说，南康公主的胸怀，足以刻在墓志铭上予以表彰，以此劝诫天下夫人，不要做河东狮，管夫君管得那么严。

这段对白居易思想明显局限性的分析，实在是给他超前且丰富的人物形象添加了瑕疵。他对女性命运的关心，也仅局限在昭君、玉环这种绝世美女的范围内。对白居易来说，在这个范围之外的女人，同样是模糊的、无意识的集体群像。瑕疵归瑕疵，进步归进步，都是不应该被遮掩和回避的内容，而应该大大方方地展示出来。笔者揣测，即使白居易本人也不会认为，一切都必须要正确而完美，才是值得书写的人生。

05

白居易到江州的第三年，在香炉峰下盖了一个草堂。这座草堂三间两柱、二室四牖，堂内设了四张木榻、一张漆琴，还摆放了数十卷儒释道方面的书籍。三月二十七日，白居易搬入新居。《草堂记》这样记录了这座草堂带给他的喜悦：

肆
白居易贬谪之谜

　　矧予自思：从幼迨老，若白屋，若朱门，凡所止，虽一日二日，辄覆篑土为台，聚拳石为山，环斗水为池，其喜山水，病癖如此。一旦寨剥，来佐江郡。郡守以优容抚我，庐山以灵胜待我，是天与我时，地与我所，卒获所好，又何以求焉？尚以冗员所羁，余累未尽，或往或来，未遑宁处。待予异日弟妹婚嫁毕，司马岁秩满，出处行止，得以自遂，则必左手引妻子，右手抱琴书，终老于斯，以成就我平生之志。清泉白石，实闻此言！

　　白居易通过一座草堂，亲手重建了他的生活。《草堂记》中的每一个字都经过精心锤炼，每一处景物都让作者怦然心动。回忆过去，那是"壮心徒许国，薄命不如人"[1]，而今悠然陶醉于山水之间，才感到了前所未有的满足和快乐。就在他从外部环境到内心秩序都完成了转变，准备终老于斯时，一道新的诏书发了下来，他将转任忠州刺史。白居易接到消息后，没有抱怨又要开始漂泊，而是欣然接受诏命，奔赴未知的前方。为此，白居易写下了《除忠州，寄谢崔相公》：

> 提拔出泥知力竭，吹嘘生翅见情深。
>
> 剑锋缺折难冲斗，桐尾烧焦岂望琴。
>
> 感旧两行年老泪，酬恩一寸岁寒心。
>
> 忠州好恶何须问，鸟得辞笼不择林。

　　白居易的这首诗证明，他对自己人生意义的判断彻底出现了拐点，失而复得的官运并不能蒙蔽他已经清醒的心。在《又答贺客》中他再次重申："银章暂假为专城，贺客来多懒起迎。似挂绯衫衣架上，朽株枯竹有何荣"，白居易对这些络绎不绝前来祝贺的宾客，一点都打不起精神。他形容自己穿上升官的绯衫，就像一个没有生命的衣服架，已然是朽株

---

[1] 见白居易《江南谪居十韵》。

枯竹，这些尊荣和好处对他来说，早就不稀罕了。

他终究要告别自己心爱的草堂，告别自己已经习惯的安闲时光，他平静地接受了"君恩"不会让他在任何一个地方久住的现实——只要诏令一下，他就必须行动，还要充满感激地拜谢。但是他清楚，自己是"身出草堂心不出，庐山未要勒移文"[1]，他的心已经永远留在了这个充满野性的天地间。

元和十四年（819）春，白居易自浔阳出发，沿长江而上。三月十一日夜，舟行至夷陵，此时元稹正好经过夷陵，在出入峡口的时候，这两位阔别四载、彼此思念的老友偶遇了，白居易的身边正好还有前来同行的白行简。在不能打电话不能发定位的古代，这样的偶遇让他们又惊又喜，他们在夷陵停船上岸，在黄牛峡口的石洞中置酒畅饮。他们谈到上次别后各自的境遇、各自的思考，把两人知道的旧友的情况互相转告，三个晚上彻夜不眠，最后依依惜别，洒泪登程：

《十年三月三十日别微之于沣上十四年…为他年会话张本也》

沣水店头春尽日，送君上马谪通川。

夷陵峡口明月夜，此处逢君是偶然。

一别五年方见面，相携三宿未回船。

坐从日暮唯长叹，语到天明竟未眠。

齿发蹉跎将五十，关河迢递过三千。

生涯共寄沧江上，乡国俱抛白日边。

往事渺茫都似梦，旧游流落半归泉。

醉悲洒泪春杯里，吟苦支颐晓烛前。

莫问龙钟恶官职，且听清脆好文篇。

别来只是成诗癖，老去何曾更酒颠。

各限王程须去住，重开离宴贵留连。

黄牛渡北移征棹，白狗崖东卷别筵。

---

[1] 见白居易《别草堂三绝句》。

> 神女台云闲缭绕，使君滩水急潺湲，
>
> 风凄暝色愁杨柳，月吊宵声哭杜鹃。
>
> 万丈赤幢潭底日，一条白练峡中天。
>
> 君还秦地辞炎徼，我向忠州入瘴烟。
>
> 未死会应相见在，又知何地复何年。

"莫问龙钟恶官职，且听清脆好文篇。别来只是成诗癖，老去何曾更酒颠"，这是白居易对元稹倾诉的真心话：错付年华，一事无成，满面沧桑，而唯一值得安慰的，就是这三年没少写好文章。在诗的末尾，诗人写道："未死会应相见在，又知何地复何年"。是的，两个知交在茫茫天地间偶遇的概率又有多高呢？自此一别，又是前途未卜，福祸难料。然而，只要还活着，就有见面的可能，只是不知下一次相聚会是哪年哪月，在哪个羁旅途中，又会发生怎样的故事。

告别了元稹，白居易继续赶路，一边看着三峡的奇景，一边留下一些即兴创作的诗文。长江两岸的绿水青山、碧草红花，治愈了与友人分别带来的伤感，三月二十八日，白居易平安到达了山城忠州。

忠州是个什么地方呢？唐代的忠州，属山南东道，离长安二千二百余里，因为接近南方边境，天宝年间曾名南宾郡。它的城池在长江北岸，居民沿山势筑室而居，街道狭小。杜甫曾经写过这里："忠州三峡内，井邑聚云根。小市常争米，孤城早闭门。空看过客泪，莫觅主人恩。淹泊仍愁虎，深居赖独园"[1]。因为有老虎出没，人们常常天色很早就把城门关上了，忠州的条件和环境如何可想而知。

这里闭塞荒凉，甚至没有平地可以走，白居易形容，当地的吏人在这里行走，如同在林间奔跑的鹿。但是，这样的环境反而更合白居易的胃口，也只有经历过江州三年的白居易，才可以一来就发现忠州的美：

---

[1] 见白居易《题忠州龙兴寺所居院壁》。

《初到忠州赠李六（一作李大夫）》

好在天涯李使君，江头相见日黄昏。

吏人生梗都如鹿，市井疏芜只抵村。

一只兰船当驿路，百层石磴上州门。

更无平地堪行处，虚受朱轮五马恩。

白居易到达忠州不久，便发现城东有一块坡地。于是他利用闲暇时间，在坡地上大量栽种花木。他用微薄的收入买来树苗、花种，像当年盖草堂一样侍弄它们，即便这些种好的花树，很有可能只能陪伴他三年——"忠州且作三年计，种杏栽桃拟待花"[1]：

《东坡种花二首》

持钱买花树，城东坡上栽。

但购有花者，不限桃杏梅。

百果参杂种，千枝次第开。

天时有早晚，地力无高低。

红者霞艳艳，白者雪皑皑。

游蜂逐不去，好鸟亦来栖。

前有长流水，下有小平台。

时拂台上石，一举风前杯。

花枝荫我头，花蕊落我怀。

独酌复独咏，不觉月平西。

巴俗不爱花，竟春无人来。

唯此醉太守，尽日不能回。

东坡春向暮，树木今何如。

漠漠花落尽，翳翳叶生初。

每日领童仆，荷锄仍决渠。

---

[1] 见白居易《种桃杏》。

> 划土壅其本，引泉溉其枯。
>
> 小树低数尺，大树长丈余。
>
> 封植来几时，高下随扶疏。
>
> 养树既如此，养民亦何殊。
>
> 将欲茂枝叶，必先救根株。
>
> 云何救根株，劝农均赋租。
>
> 云何茂枝叶，省事宽刑书。
>
> 移此为郡政，庶几盯俗苏。

白居易没有成为陶渊明，却复制了陶渊明的快乐，而这种快乐，在三百年后，又会被一个叫苏轼的士大夫复制，甚至连"东坡"这个号，都是由此而来。白居易随遇而安的品格，想必也是苏轼贬谪黄州时所深切依傍的精神力量。单看种花，好像很审美、很小资，其实这种闲情逸致的背后，是生计都难以为继的窘迫。难怪苏轼在被贬黄州、一蹶不振的时刻，会想起效仿白居易。

06

白居易在忠州的日子并不比在江州好多少，这里穷乡僻壤，"仰望但云树，俯顾唯妻儿，寝食起居外，端然无所为"[1]，不仅生活单调无聊，还十分艰苦，对此白居易有"仓粟喂家人，黄缣裹妻子"[2]的诗句。虽然他的精神世界是富足的，但落魄的现状、艰难的生活也会让他心酸难过。他又写诗向元稹诉说近况：

---

[1] 见白居易《招萧处士》。

[2] 见白居易《南宾郡斋即事寄杨万州》。

《即事寄微之》

畲田涩米不耕锄，旱地荒园少菜蔬。

想念土风今若此，料看生计合何如。

衣缝纰颣黄丝绢，饭下腥咸白小鱼。

饱暖饥寒何足道，此身长短是空虚。

可见，米涩少菜，衣有补丁，生活的窘迫磨砺着他的心智。可是就算自己身陷困顿，他也不忘为更需要帮助的贫苦百姓，送上力所能及的温暖：

《赠康叟》

八十秦翁老不归，南宾太守乞寒衣。

再三怜汝非他意，天宝遗民见渐稀。

他说，他这么做没有别的意思，就是希望"安史之乱"后的难民，能少一个就少一个。虽然他嘴上说着"乡国仍留念，功名已息机。明朝四十九，应转悟前非"[1]，但他骨子里仍然是那个写《卖炭翁》的热血青年。所谓"悟前非"，不是关怀现实的热心肠错了，而是错信了改良社会的途径。

他曾经单纯地相信，只要自己敢说、敢写，皇上就肯听、肯看，继而发挥天子的圣明。如今，他的人已经流落在此，他的讽喻诗也不会再起作用，他对贫苦百姓的同情该何处安放呢？他并没有明确的答案，但是，他会以个人身份力所能及地帮助老翁。此时的白居易，虽然身处蛮荒之处，却始终保持着对那个被遮蔽世界的知觉，他不断提醒自己：要清醒，不要沉睡，要睁眼，不要心盲。在忠州任上，他提出了切实的施政方针，他借养树的心得表达他的施政观点："养树既如此，养民亦何殊。将欲茂枝叶，必先救根株。云何救根株，劝农均赋租。云何茂枝叶，

---

[1] 见白居易《除夜》。

省事宽刑书。移此为郡政，庶几尨俗苏"。

他认为，养民和养树一样，都要尊重自然规律，树要养根，民也要养根，民生的根本在哪里呢？"劝农均赋租"，要充分调动农民种田的积极性，而不是征收繁重的赋税，让农民入不敷出，食不果腹。养了根之后，要想枝繁叶茂，还要"省事宽刑书"。白居易的观点朴素却直中要害，即便是今天，仍旧充满真知灼见。让苏轼一举名震天下的那篇《刑赏忠厚之至论》[1]，其实就是对白居易宽刑思想的一脉相承。

就在白居易忠州任上渐入佳境的时候，元和十五年（820）正月二十七日深夜，唐宪宗暴崩于大明宫中和殿，年仅四十三岁。

唐宪宗在位十五年，整体上是一个非常有作为的皇帝，他"读列圣实录，见贞观、开元故事，竦慕不能释卷"[2]，把太宗、玄宗当作效法的榜样。他提高宰相权威，平定藩镇叛乱，修订律令，整顿科举，使得唐代中后期出现了"元和中兴"的局面。当然，他也并非毫无问题，在位最后几年，他日渐骄奢，且好神仙。

有关他的死因，有点讳莫如深，晚清学者蔡东藩的观点很实在：

> 如宪宗之信方士，任宦官，好进奉，都自削平外患而来，卒之身陷大祸，死于非命，史官犹第书暴崩，不明言遭弑，本编依史演述，虽未直书弑逆，而首恶有归，情事已跃然纸上，岂必待显揭乎哉？ [3]

说明唐宪宗因为自身统治方式的极端，导致其置身权力矛盾的旋涡中，最终招来横祸。史书不明说是死于弑君，这是著史者的一贯做法，可是其中的情理已跃然纸上。

《剑桥中国隋唐史》[4]这样评价唐宪宗：

---

[1]《刑赏忠厚之至论》是苏轼二十一岁考进士的试卷文字。

[2] 见《唐会要》。

[3] 见蔡东藩《唐史演义》。

[4] 崔瑞德. 剑桥中国隋唐史 [M]. 北京：中国社会科学出版社，1990。

宪宗是一位重实干、坚强的君主，他抓住时机采取了干预的政策……宪宗的又一个特点是，他没有从纯军事角度去看待藩镇的问题。他认识到，要削弱诸镇独立行动的能力，同样需要做出制度的改变。的确，他的改革旨在增强中央的权力，而不是改善人民的生活。但直到九世纪的最后二十五年，除了河北几部分外，这些制度改革使中央政府得以在全帝国重新树立决定性的制度，从而进入了一个相对和平的时期。

白居易听到唐宪宗驾崩的消息后，心情十分复杂，他写下了这样的诗句："碧油幢下捧新诗，荣贱虽殊共一悲。涕泪满襟君莫怪，甘泉侍从最多时"[1]。

当年，风华正茂的白居易，也曾经认为这是一个值得用生命来辅佐的明君，但最终还是失望了。他们除了君臣之间必然存在的矛盾，最重要的分歧正如《剑桥中国隋唐史》所写：宪宗的改革旨在增强中央的权力，而不是改善人民的生活。

唐宪宗的统治思想和白居易的民本思想南辕北辙。在最初的"蜜月期"、两人矛盾还没有凸显出来的时候，他们还有过君臣一心的美好回忆。但随着白居易因言获罪，被逐出京城，他也渐渐明白了为何自己一腔赤诚，竟落得如此下场。因为白居易一心想要改善人民生活，而君主的终极目的却是加强手中的权力。君主关心人民不过是为了达到这个目的，一旦两者出现矛盾，人民的福祉必然首先被舍弃，白居易这种臣子也必然被抛弃。

现在，唐宪宗死了。在封建王朝，一朝天子一朝臣，一个皇帝的骤然离去，会带来朝中局势翻天覆地的变化。这一年的春天，白居易借着梅花、桃花、杏花竞相开放的机会，在刺史庭院里，开了一个"与民同乐"的酒会，席间他即兴赋诗，大谈自己和乡亲们的缘分：

---

[1] 见白居易《奉酬李相公见示绝句（时初闻国丧）》。

《郡中春宴，因赠诸客》

仆本儒家子，待诏金马门。

尘忝亲近地，孤负圣明恩。

一旦奉优诏，万里牧远人。

可怜岛夷帅，自称为使君。

身骑牂牁马，口食涂江鳞。

暗澹绯衫故，斑斓白发新。

是时岁二月，玉历布春分。

颁条示皇泽，命宴及良辰。

冉冉趋府吏，蚩蚩聚州民。

有如蛰虫鸟，亦应天地春。

薰草席铺坐，藤枝酒注樽。

中庭无平地，高下随所陈。

蛮鼓声坎坎，巴女舞蹲蹲。

使君居上头，掩口语众宾。

勿笑风俗陋，勿欺官府贫。

蜂巢与蚁穴，随分有君臣。

　　他说自己的思想根源来自儒家，本来预想自己是"待诏金马门"的命，却没想到"君恩"把他安排到了忠州的父老乡亲中间。在这里，他虽然经历了"绯衫故、白发新"的人生低谷，但这里的自然风物，让他越来越感到亲切和美好。他来的时候心里五味杂陈，现在却有点感激这样的因缘际会。如今，良辰美景，天地逢春，人和鸟虫都迎来了新的生机，他很想跑到群众中间，不分官阶，不分大小，一起奏乐，一起舞蹈。他说，不要笑话我们这里风俗鄙陋，不要嫌弃我这个刺史官运蹇涩，虽然这个世界连蜜蜂和蚂蚁都是分等级的，但他是个例外。他不享受高位，只享受平等，只享受同乐。

　　唐穆宗李恒即位后，朝中出现了重要的人事变更，而起用的这批人，和白居易、元稹又都是友好的。五月，元稹任祠部郎中、知制诰，赐绯鱼袋。这个时候，白居易正在忠州大吃荔枝：

《题郡中荔枝诗十八韵，兼寄万州杨八使君》

奇果标南土，芳林对北堂。

素华春漠漠，丹实夏煌煌。

叶捧低垂户，枝擎重压墙。

始因风弄色，渐与日争光。

夕讶条悬火，朝惊树点妆。

深于红踯躅，大校白槟榔。

星缀连心朵，珠排耀眼房。

紫罗裁衬壳，白玉裹填瓤。

早岁曾闻说，今朝始摘尝。

嚼疑天上味，嗅异世间香。

　　白居易带着兴奋和好奇，去凝视一颗荔枝，去品尝它的果实，去描述它的果壳和果肉，去记叙它的味道。如何沉浸式地吃一颗荔枝，白居易早早地就给出了示范。已经接近五十岁的白居易，还能像一个孩子一样，去为一场味蕾的盛宴而欣喜若狂。当然，也正是这种性格，才让他走出谷底，路转峰回。

　　白居易有多爱荔枝呢？他先是建了一座荔枝楼，又找人画了荔枝图，还写了一篇《荔枝图序》，在序中他又一次生动描绘了荔枝树和荔枝果，还特意强调荔枝从树上摘下来后，"一日而色变，二日而香变，三日而味变，四五日外，色香味尽去矣"。序的结尾他写道："元和十五年夏，南宾守乐天，命工吏图而书之，盖为不识者与识而不及一二三日者云"。

　　对于某些人来说，写作和画画的根本动力是为了分享，为了贮存记忆。当他认识到有些美好的事物、美丽的风景、美妙的味道转瞬即逝，即便他此时此地已经体验到了，但还是不知足，他需要通过文字、图像去贮存这份惊喜和快乐，白居易就是这样的人。他的文字为他的分享热情服务，他的生命被他所热爱的世界收编。他的这份天真和喜悦，使他无论在仕途上经历了什么波折、遭遇了什么磨难，都能过好自己的日子，而且能与世界时刻分享他新鲜的、活泼泼的感悟。

几个世纪后，又有一个士大夫因为仗义执言而被贬到穷乡僻壤，因为大吃荔枝而闻名于世，他就是那个以"东坡居士"为号的苏轼。苏轼如此爱乐天，他在说着"日啖荔枝三百颗，不辞长作岭南人"的时候，应该也受到了白居易这份快乐的感染吧！

伍

白居易还朝之谜

01

就在白居易把忠州的日子过得好吃又好玩的时候，调令来了，元和十五年（820）九月中旬，白居易奉诏拜尚书司门员外郎。白居易再度接受祝贺，如果说上次从江州到忠州是脱离苦海，这一次回京，则代表着他否极泰来，毕竟可以回帝都出任要职了：

《初除尚书郎，脱刺史绯》

亲宾相贺问何如，服色恩光尽反初。

头白喜抛黄草峡，眼明惊拆紫泥书。

便留朱绂还铃阁，却著青袍侍玉除。

无奈娇痴三岁女，绕腰啼哭觅金鱼。

白居易跑到城东的开元寺，登楼远眺，看到东坡新栽的柳树还没有长成："最怜新岸柳，手种未全成"[1]，远看不够，他又跑到东坡，近看亲手栽种、已经初步成林的桃李，"三年留滞在江城，草树禽鱼尽有情。何处殷勤重回首，东坡桃李种新成"（《别种东坡花树两绝》）。来的时候虽然有各种不适应，他却让废墟一样的生活过出了生机。

如今，流放的日子终于结束了，看着这些陪伴过自己的一草一木，想起当初种植它们时的境遇和心情，他心里五味杂陈。"北归虽引领，南望亦回头。昔去悲殊俗，今来念旧游"（《发白狗峡，次黄牛峡登高寺，却望忠州》）。值得高兴的是，过去的总会过去，该来的总会到来，尽管经历过种种暗淡和折磨，可是告别之时，居然对忠州如此不舍。频频回头的白居易，知道自己在未来的某个时候，一定会回想起这里，说不定还会嘴角上扬。

由水路回长安的途中，白居易经历了很多熟悉的景物，那些都是六年前被贬江州途中的所见所闻。他在《商山路有感》中说："万里路长

---

[1] 见白居易《留题开元寺上方》。

在，六年身始归。所经多旧馆，大半主人非"。熬了六年，今日北归。曾经住过的驿馆，一大半的主人都换了。白居易知道，虽然这次北归算是守得云开见月明，但是朝中风云多变，谁知道这风水什么时候会转回去呢？谁知道北归之后会不会再度被贬呢？这不好说。

在驿馆中，白居易看到了那棵和元稹题过诗的老桐树，遂有感而发："笑问中庭老桐树，这回归去免来无"（《商山路驿桐树，昔与微之前后题名处》），白居易没有觉得自己北归是一桩喜事，也没有在被公正对待的时候，认为这是给了他卷土重来的机会，这是他这六年来反思平生所学、反思权力本质的结果。有时候，顺境比逆境更能证明一个人认知所能达到的高度。

白居易这次得以回朝，是因为新帝即位后，进士集团稍占上风，新任宰相萧俛属于进士集团，倾向于革新，另一位宰相段文昌虽属旧官僚集团，但为人开明，也颇欣赏白居易。白居易的友人也纷纷入朝为官或者升迁，他算是迎来了难得的好日子。

然而，白居易却预感到，他虽然被召回了帝都，但这不代表朝中局势变好了，也不代表他可以披荆斩棘地驰骋一番，尽情践行当初的政治理想。也许未来的环境会更恶劣，因此他行事更加谨慎。在一次上早朝时，他感到无聊又厌倦，萌生了退隐的想法：

《早朝思退居》

霜严月苦欲明天，忽忆闲居思浩然。

自问寒灯夜半起，何如暖被日高眠。

唯惭老病披朝服，莫虑饥寒计俸钱。

随有随无且归去，拟求丰足是何年。

能这么明确地表示不想上朝、因为上朝不能睡懒觉的士大夫，也就只有白居易了。换作其他人，有这种想法也不会写出来——写诗表忠心、晒勤奋还来不及呢。白居易最后还不忘补充说，这么厌倦却不能拒绝上朝的原因，还不是为了那点俸钱。

可见，上班带来的痛苦自古有之，只不过在中国传统的社会观念中，默认了所有读书人都必须真诚地热爱上班，质疑这种热爱的人就会被道德绑架。所以，当一个读书人想表达自己为上班而烦恼的时候，还得先论证一下自己的高洁，以及不愿与世俗为伍的正当性。

但是白居易却没有藏着掖着，没有弯弯绕绕，他就直接写出来了，而且还反复地写：

《答山侣》

颔下髭须半是丝，光阴向后几多时。

非无解挂簪缨意，未有支持伏腊资。

冒热冲寒徒自取，随行逐队欲何为。

更惭山侣频传语，五十归来道未迟。

显然，山侣带来的信息更能慰藉白居易的心灵，而朝中的琐事只会让他厌倦。他心中渴慕的真理，已经不是装饰他的簪缨可以给的了。他知道自己的秉性没办法让君王满意，"莫怪不如君气味，此种来校十年迟"[1]，与其说白居易对未来充满危机感，不如说他对入世的人生已经充满虚幻感。

不能归隐的原因，就是他还有养家的责任，还有俗世的生计需要奔忙，这一点，他毕竟无法超脱。长庆元年（821）正月，白居易任主客郎中、知制诰后，刚刚稳定下来，就在长安新昌坊买了一所住宅。他写下了终于挣得一个容身之处的喜悦：

《卜居》

游宦京都二十春，贫中无处可安贫。

---

[1] 见白居易《初除主客郎中知制诰与王十一李七元九……同宿话旧感怀》。

长羡蜗牛犹有舍，不如硕鼠解藏身。

且求容立锥头地，免似漂流木偶人。

但道吾庐心便足，敢辞湫隘与嚣尘。

二十七岁就中了进士的白居易，漂泊到五十岁，才在长安买了一处房子，圆了多年的夙愿。就在白居易试图远离纷扰、独善其身的时候，朝中的争斗日渐白热化，潜伏经年的"牛李党争"正式爆发。历史学家认为，这场旷日持久的派系斗争，消耗了唐帝国的资源和精力，使唐帝国在实现短暂的"元和中兴"后，最终滑向了灭亡的深渊。而大唐王朝走到这个地步，白居易是先知先觉的。

党争的起因，是李德裕痛恨李宗闵讥讽了其父李吉甫，表面上看，导火索是个人恩怨，但其实质却是新旧官僚之争。旧官僚大都出身山东士族，他们重门阀，讲礼法，治学以经学为主，一般借荫封走入仕宦之途。新官僚多出身寒门，他们以辞赋登科，生活放荡，不拘礼法。

在政治主张上，他们也有很大不同。旧官僚主张高压政策，新官僚则主张因事制宜。白居易虽然在出身上属于新官僚，也曾为李宗闵、牛僧孺、皇甫湜辩护，但这都是就事论事。他虽然独善其身，却坚持秉公言事。对于党争，他丝毫没有兴趣，可是这并不影响李德裕视他为政敌。

可是元稹却在党争中表现得非常急功近利，为了迎合唐穆宗"销兵"之议，他写了《连昌宫词》，并公然反对裴度的主战部署，还勾结宦官，阻挠裴度。裴度发现后，非常气愤，连上三表要求朝廷召集百官集议。唐穆宗不得已，解除了元稹翰林学士的职务。白居易曾写诗给他说："身外名徒尔，人间事偶然"[1]，暗示他现在一时乘风，但不等于命运的天平会一直倾向他，所以要小心。

这是对知心朋友才能提出的忠告。他也提醒刚刚诏除左拾遗的白行简，一定要谨慎行事，"近职诚为美，微才岂合当。纶言难下笔，谏纸易

---

[1] 见白居易《初著绯戏赠元九》。

盈箱。老去何侥幸，时来不料量。唯求杀身地，相誓答恩光"[1]。

十月十九日，诏除白居易为中书舍人，正五品上，白居易跨入了高官阶层。老规矩，不管升官降职，白居易都要写诗记录，这里他写下了《西掖早秋直夜书意》，他在诗中说："遇圣惜年衰，报恩愁力小。素餐无补益，朱绶虚缠绕"，委婉地表达了虽然升迁但已心有余而力不足的想法。"冠盖栖野云，稻粱养山鸟"，觉得自己这只野生的鸟，正在以一种非天然的方式活着，对于今天的圣主隆恩他很感激，觉得自己能得到如此的待遇已经很满足了。"量力私自省，所得已非少。五品不为贱，五十不为夭。若无知足心，贪求何日了"，在险象环生的朝廷，没有知足心是不行的，这体现了白居易深刻的自省。

白居易归朝后，一年之内，三迁其官，政治上的突然顺风顺水，总是让熟读老庄的他感到不安。这时候，好友元稹做了宰相，还坚持之前对裴度的态度，解除了裴度的兵权。白居易没有因为和元稹私交甚好，就无条件支持元稹的所有决定，他力劝元稹悬崖勒马，但元稹一意孤行。

好景不长，奸人利用了元稹和裴度之间的矛盾，嫁祸元稹，说他欲谋杀裴度。元稹被挤下相位，出任同州刺史。白居易身处明争暗斗的朝廷中，表面在笑，内心却在哭：

《衰病无趣，因吟所怀》

朝餐多不饱，夜卧常少睡。

自觉寝食间，多无少年味。

平生好诗酒，今亦将舍弃。

酒唯下药饮，无复曾欢醉。

诗多听人吟，自不题一字。

病姿与衰相，日夜相继至。

况当尚少朝，弥惭居近侍。

终当求一郡，聚少渔樵费。

---

[1] 见白居易《行简初授拾遗，同早朝入阁，因示十二韵》。

合口便归山，不问人间事。

长庆二年（822）七月初，白居易罢去中书舍人，他写了首客客气气的诗，表达了自己对罢官的感想：

《初罢中书舍人》

自惭拙宦叨清贵，还有痴心怕素餐。

或望君臣相献替，可图妻子免饥寒。

性疏岂合承恩久，命薄元知济事难。

分寸宠光酬未得，不休更拟觅何官。

七月十四日，诏书下达，白居易除杭州刺史。白居易就像一条获得自由的鱼，终于游向了自己向往的池渊。

02

对于白居易这样的人来说，升官发财，都不如"发配"杭州。去往杭州的路上，白居易迫不及待地写下了心中的雀跃：

《长庆二年七月自中书舍人出守杭州，路次蓝溪作》

太原一男子，自顾庸且鄙。

老逢不次恩，洗拔出泥滓。

既居可言地，愿助朝廷理。

伏阁三上章，戆愚不称旨。

圣人存大体，优贷容不死。

凤诏停舍人，鱼书除刺史。

冥怀齐宠辱，委顺随行止。

我自得此心，于兹十年矣。

余杭乃名郡，郡郭临江汜。

已想海门山，潮声来入耳。

昔予贞元末，羁旅曾游此。

甚觉太守尊，亦谙鱼酒美。

因生江海兴，每羡沧浪水。

尚拟拂衣行，况今兼禄仕。

青山峰峦接，白日烟尘起。

东道既不通，改辕遂南指。

自秦穷楚越，浩荡五千里。

闻有贤主人，而多好山水。

是行颇为惬，所历良可纪。

策马度蓝溪，胜游从此始。

十月一日，白居易到达杭州。唐代的杭州，属江南东道，山水奇秀，人间天堂。白居易这种性格的人，还没到杭州就已经开始垂涎那里的美景，对即将置身其中的工作环境十分期待，说"策马度蓝溪，胜游从此始"。但是，他骨子里仍然没有忘记自己对百姓的责任。他如今已经明白，从前那套靠写诗感化君主、再由君主布施仁政的路径行不通了。不过，对于在职权范围内为百姓尽心尽力做点事，他还是非常热衷的，甚至是殚精竭虑。

到达杭州的第二年六月，天气暴热，干旱成灾。他开始研究杭州的水利情况，开启浚井增堤工程。工程在城内和湖上分头进行，次年二月底，湖堤增筑竣工，白居易写了一篇《钱唐湖石记》，把他修堤疏浚的过程记录了下来。在这篇文章的开头，白居易的真抓实干精神就体现出来了。他有着非常科学严谨的调研精神，"凡放水溉田，每减一寸，可溉十五余顷；每一复时，可溉五十余顷"。他可以精密计算灌溉农田的范围和钱塘湖蓄水线的位置，他提出要重视审批流程漫长的弊端，因为从百姓请水到审批流程走完，田里的禾苗随时都有干枯的危险。

他是那种不但能看到问题，还能想办法解决问题的人。

白居易发现的另一个问题是杭州雨量的季节性反差。杭州春季多雨，夏秋干旱，旧的办法是灌溉农田时，放湖入河，再由河入田。这需要先测量河水的深浅，灌溉完农田，再恢复河流的原有水位。一来二去，也解决不了实际问题，如果遇到干旱，根本就没有水可以灌溉农田。

白居易的做法遭到了地方官吏的反对，反对的理由是，如果决放湖水，水里的鱼就会无家可归。白居易在《钱唐湖石记》中反驳说："且鱼龙与生民之命孰急，茭菱与稻粱之利孰多"。还有人忽悠他说，决放湖水，城内的六井就会无水，白居易又用科学和理性驳斥了这种说法的荒谬。

还有盗泄湖水的问题、防止溃堤的问题，白居易都制定了相应的解决方案。他写文章，不是为了表彰自己，而是觉得自己在杭州只是短暂落脚，后来者需要知道这座城市的湖与田之间的关系。他对自己在任上办点实事所遇到的阻力了如指掌："句检簿书多卤莽，堤防官吏少机关"[1]。在他的治理下，杭州这个灾害频繁的地方，很快出现了处处笙歌、岁岁丰收的景象。

白沙堤上，柳绿桃红，西泠桥下，十里荷香。官场失意的白居易，终于在这里找到了慰藉。就算为政事奔忙，他也是那种永远拥有精神后花园的人。在杭州的日子里，他有时在堤上行吟，有时在古寺谈禅。初春时节，他赏梅于孤山，中秋月夜，他观潮于钱塘，过着所谓"凌晨亲政事，向晚恣游遨"[2]的生活，日子过得相当的充实饱满，他终于可以和让他怦然心动的一切朝夕相处了。

白居易在任杭州刺史期间，不置木枕，不取胡床，饮冰茹蘗，不伤清白。他"白屋炊香饭"、"洗手摘藤花"[3]，红姜、青芥都是他佐餐的佳

---

[1] 见白居易《自咏》。

[2] 见白居易《初领郡政衙退登东楼作》。

[3] 见白居易《招韬光禅师》。

品。他写了大量诗篇，如《余杭形胜》《杭州春望》《春题湖上》《西湖晚归回望孤山寺赠诸客》《西湖留别》等，但笔者认为，最能体现白居易在杭州时状态的是下面这两首诗：

《虚白堂》

虚白堂前衙退后，更无一事到中心，

移床就日檐间卧，卧咏闲诗侧枕琴。

这就是白居易平日的生活，不用早起上朝，可以有大量的时间沉浸于歌舞、诗词。"虚白"一词，出自《庄子·人间世》："虚室生白，吉祥止止"，意思是心中纯净无欲，这非常贴合白居易此时的人生观。

《诗解》

新篇日日成，不是爱声名。

旧句时时改，无妨悦性情。

但令长守郡，不觉却归城。

只拟江湖上，吟哦过一生。

他真正要投入的，他认为值得投入的，还是写作，非为名声而写，而是为取悦自己。白居易表明的这种观点非常重要，在当时也是绝无仅有。就算恣意飞扬、自我了一生的李白，都没能向世界宣布，他写诗只为取悦自己，他放弃通过写诗去经营自己的名声。

长庆四年（824）春，唐穆宗李恒因服食金石中毒驾崩，时年三十岁。他十六岁的儿子李湛继位，即唐敬宗。白居易接到诏命，以太子右庶子之职还朝。但他没有立即动身，而是把杭州的名胜古迹重访了一遍，并写了一句很符合他当时性格和思想的话："在郡诚未厌，归乡去亦好"[1]。

六月下旬,白居易踏上了归程。临行时,他冒着被指控不廉洁的风险,带走了两片天竺石。得知白居易要走,百姓们相扶而来,场面非常感人。对此,白居易留下了一首《别州民》:

耆老遮归路,壶浆满别筵。

甘棠无一树,那得泪潸然。

税重多贫户,农饥足旱田。

唯留一湖水,与汝救凶年。

白居易和州民实现了双向奔赴,他以赤子之心对待这些州民,急彼所急,想彼所想,不怕麻烦,不怕非议。他自谦说"甘棠无一树",不配得到州民们送行时的眼泪。可是,百姓们的反应,是对他政绩最真实的检验。他一直以来都惦记为老百姓解决赋税沉重和农饥问题。"唯留一湖水,与汝救凶年",他说,来杭州三年,留下一个治理之后的西湖,也算是和当地百姓相处一场的礼物。

回程的路上,按照白居易的习惯,对这三年杭州刺史的生活,是一定要进行一下复盘的,他写下了这首《自余杭归宿淮口作》:

为郡已多暇,犹少勤吏职。

罢郡更安闲,无所劳心力。

舟行明月下,夜泊清淮北。

岂止吾一身,举家同燕息。

三年请禄俸,颇有余衣食。

乃至僮仆间,皆无冻馁色。

行行弄云水,步步近乡国。

妻子在我前,琴书在我侧。

---

[1] 见白居易《除官去未间》。

此外吾不知，于焉心自得。

此时的白居易，就是求一个问心无愧。对得起自己的俸禄，对得起自己的责任，最重要的，是对得起自己的良心。他的良心不是建立在折损自己的基础上，更不是在拔高自己、假装高尚。他活得安闲舒适，琴书在侧，妻子在旁，没有谁比白居易更明白活在当下的快乐，这是专属于白居易的生活真谛。他舍不得杭州，他的身体和心灵都属于那里，而不是尔虞我诈的朝廷。白居易也许在暗暗许愿，有生之年，一定要争取早日回来。

03

途经符离时，他特意回了趟老家，顺便看了看那座承载着他少年时期爱情和泪水的埇桥，并写下了一首《埇桥旧业》：

> 别业埇城北，抛来二十春。
> 改移新径路，变换旧村邻。
> 有税田畴薄，无官弟侄贫。
> 田园何用问，强半属他人。

回到下邽，他发现当地的路变了，邻居也变了。乡亲们被田税折磨，没有步入仕途的弟侄过着清苦的生活，虽然拥有田园，可是劳动成果基本上都归属他人。

二十年了，他终于释怀了。往事如风，这一次是真的随风而逝，再也不会像十年前一样，给他"野火烧不尽，春风吹又生"的感觉。这个时候的白居易终于发现，人与人之间的情感并不相通：他苦苦挣扎的宦海，对别人来说是求之不得的安稳；他爱而不得的感情，对他人来说则是无法触及的虚幻。而他那颗终究随风而逝的少年心，此时此刻，也只能寄托在对普通劳动人民的同情上了。

对于白居易来说，这段与邻家平民女的感情，不仅给他的少年生活带来了不同寻常的烦恼，更让他由此开始关注真正的民间。他对百姓的爱和同情，都不是虚幻的，而是真切的、具体的。他注意到每一个生命个体的尊严，这一点，能够做到的士大夫很少。

初秋时节，白居易来到了洛阳。经过考虑，他选择在洛阳卜居。他按照自己的审美，把新家修葺了一番。宝历元年（825）春天，白居易在洛阳的新宅中，又过上了春池泛舟、拨柱推弦的生活。

这是白居易五十岁之后找到的一种生活节奏。对待工作，兢兢业业，只办实事，对待官衔和权力，则可有可无。只要能养家糊口，能保证他的生活情趣，他总是能把日子过得怡然自得。当一个人能够自得其乐，融洽地和环境相处，机缘就会寻他而来。

三月四日，朝廷下诏，除白居易为苏州刺史。白居易奉命后，喜出望外。准备启程时，白居易还不忘跑到洛城东面，看一看盛开的杏花，还是他那一贯的得游且游的风格。

五月五日，白居易到达苏州，在例行公事地对唐敬宗表达完忠心后，就投入了紧张的工作中。他在任内采取简化政事、平均赋税和工役等措施，使得穷困劳累的百姓在一定程度上得到休养生息。他抽空写诗寄给元稹，介绍他刚到苏州时的公务有多忙：

《秋寄微之十二韵》

娃馆松江北，稽城浙水东。

屈君为长吏，伴我作衰翁。

旌旆知非远，烟云望不通。

忙多对酒榼，兴少阅诗筒。

淡白秋来日，疏凉雨后风。

余霞数片绮，新月一张弓。

> 影满衰桐树，香凋晚蕙丛。
>
> 饥啼春谷鸟，寒怨络丝虫。
>
> 览镜头虽白，听歌耳未聋。
>
> 老愁从自遣，醉笑与谁同。
>
> 清旦方堆案，黄昏始退公。
>
> 可怜朝暮景，销在两衙中。

他在另一首写给元稹的《霓裳羽衣歌（和微之）》中说：

> 今年五月至苏州，朝钟暮角催白头。
>
> 贪看案牍常侵夜，不听笙歌直到秋。

白居易放弃窗外秀丽景色的召唤，乖乖地守在案台前办公到深夜，忙到连他最爱的笙歌都没空听，说明白居易的责任心和自制力还是很强的。当时的苏州风景宜人，除了天时地利之外，还有人和，白居易的一些好友都在不远的地方任职。元稹在越州任浙东观察史，崔玄亮任湖州刺史，刘禹锡是和州刺史。大家常常借机聚会，作诗唱酬，留下了不少名篇。

也许是因为年龄大了，也许是因为身体出现了各种不适，也许是因为曾经在杭州的快乐让白居易对苏州产生了过高的期望值，总之，白居易在苏州的一切虽然都很顺遂，但他却总有一种莫名的苦闷——"自觉欢情随日减，苏州心不及杭州"[1]。这一期间，白居易的眼疾加重了，按照他的习惯，一定要把这件事写到诗里：

《眼病二首》

散乱空中千片雪，蒙笼物上一重纱。

纵逢晴景如看雾，不是春天亦见花。

---

[1] 见白居易《岁暮寄微之三首》。

僧说客尘来眼界，医言风眩在肝家。

两头治疗何曾瘥，药力微茫佛力赊。

眼藏损伤来已久，病根牢固去应难。

医师尽劝先停酒，道侣多教早罢官。

案上谩铺龙树论，盒中虚捻决明丸。

人间方药应无益，争得金篦试刮看？

"医师尽劝先停酒，道侣多教早罢官"，这么一来，白居易罢官退隐的想法更强烈了，这种想法在这首《酬别周从事二首》里写得更清楚：

腰痛拜迎人客倦，眼昏勾押簿书难。

辞官归去缘衰病，莫作陶潜范蠡看。

洛下田园久抛掷，吴中歌酒莫留连。

嵩阳云树伊川月，已校归迟四五年。

"洛下田园久抛掷，吴中歌酒莫留连"，看样子他是想回洛阳的家了，虽然嘴上说"吴中歌酒莫留连"，但是如果要回洛阳，他最舍不得的，显然还是吴中的歌和酒。

宝历二年（826）八月，白居易做了一个噩梦，梦见自己被贬岭南，独自一人在风雨中跋涉。他从恐惧中惊醒，觉得这个梦是对自己的一种暗示或者警告，所以马上写诗记录下来：

《宝历二年八月三十日夜梦后作》

尘缨忽解诚堪喜，世网重来未可知。

莫忘全吴馆中梦，岭南泥雨步行时。

对被再度贬官放逐的恐惧，一直是白居易潜意识里挥之不去的噩梦。"世网重来未可知"，他认为世道是个轮回，没有人可以逃脱这张巨大的罗网，重蹈覆辙的事迟早会发生，所以，趁早卸下尘缨才是明智的，才能避免夜长梦多。

九月初，白居易罢郡的消息确认，他再度登高望远，与苏州告别。"齐云楼北面，半日凭栏干"[1]，十月初，他动身北返。告别时，白居易再度迎来了苏州城百姓夹道送别的场面。人们抬着酒菜，吹着丝竹，随船送行，走了十几里还不肯回去。白居易含泪写下了《别苏州》："一时临水拜，十里随舟行……还乡信有兴，去郡能无情"。

这次，白居易在走到扬州时，又与刘禹锡不期而遇，两人在扬州到处游赏，流连忘返，盘桓约半月之久：

《与梦得同登栖灵塔》：

半月悠悠在广陵，何楼何塔不同登。

共怜筋力犹堪在，上到栖灵第九层。

两人都遭受过贬谪，对朝政看法又大体相同，刘禹锡为白居易写下一首赠别诗——《酬乐天扬州初逢席上见赠》，成为千古佳篇，尤其是那句"沉舟侧畔千帆过，病树前头万木春"，安慰了多少半生出走、归来仍是少年的心灵，全诗如下：

巴山楚水凄凉地，二十三年弃置身。

怀旧空吟闻笛赋，到乡翻似烂柯人。

沉舟侧畔千帆过，病树前头万木春。

今日听君歌一曲，暂凭杯酒长精神。

唐文宗大和元年（827）正月底，白居易回到洛阳，回到了他念念不忘的"松斋"。刚到洛阳，就知道白行简已经病逝了。白居易深为悲痛，这个活泼贴心的弟弟，一直是他这个敏感多愁哥哥的精神支柱。

---

[1] 见白居易《齐云楼晚望偶题十韵》。

当年，在白居易精神最为崩溃的江州时期，他给弟弟写信的时候从来都不故作坚强，而是非常的直白脆弱，向弟弟索要关心和陪伴："渴人多梦饮，饥人多梦餐。春来梦何处，合眼到东川"[1]。喝不到水的人会梦见饮品，吃不饱饭的人会梦见食物，可是我却总梦见你行简，你说这是为啥呢？"每因楼上西南望，始觉人间道路长"[2]，这么会撒娇的哥哥谁受得了，想必白行简看了哥哥的诗后，只好乖乖地安排探望哥哥的行程。

白居易听说弟弟要来，又继续甜言蜜语地表达担忧和急切："潇湘瘴雾加餐饭，滟滪惊波稳泊舟，欲寄两行迎尔泪，长江不肯向西流"[3]。

前文说过，白居易很会享受，他的弟弟则有过之而无不及。到了浔阳的白行简，被哥哥称为风情客。为什么呢？因为他要睡在湖心亭上，理由是湖水就是天然的栅栏，这里风凉月美，好不惬意！白居易为其张罗了半天"睡伴"，结果没有一个留下的：

《湖亭与行简宿》

浔阳少有风情客，招宿湖亭尽却回，

水槛虚凉风月好，夜深谁共阿怜来。

白行简的小名可能很多人想不到，是"阿怜"，白居易很喜欢这么叫他。

元和十四年（819）春，白居易前往忠州，一路上都有白行简随行。在夷陵峡口，他们偶遇了去虢州的元稹。三人共游，还发现了一个溶洞。

白行简写《李娃传》，元稹就写《李娃行》；白行简写《崔徽传》，元稹就写《崔徽歌》。白行简曾为元稹手抄"使东川"组诗中的所有七绝。元稹后来被贬江陵，白居易没空去送他，还是白行简去送的。白居易思念弟弟，写下《别舍弟后月夜》，元稹则写下《和乐天别弟后月夜

---

[1] 见白居易《寄行简》。

[2] 见白居易《登西楼忆行简》。

[3] 见白居易《得行简书闻欲下峡先以诗寄》。

作》。

元稹给白行简写过《酬知退》：

> 终须修到无修处，闻尽声闻始不闻。
>
> 莫著妄心销彼我，我心无我亦无君。

从元稹的诗句中我们可以看出，白行简是个相当潇洒通透的人。后来白居易在洛阳买了新居，在百无聊赖的时候，还是会忍不住想念弟弟，甚至弟弟还得为哥哥写不出佳句背锅——"天气妍和水色鲜，闲吟独步小桥边，池塘草绿无佳句，虚卧春窗梦阿怜"[1]。

弟弟的所有诗文，白居易每一个字都看过。在白居易写给弟弟的祭文中，他说：

> 尔前后所著文章，吾自检寻编次，勒成二十卷，题为白郎中集。呜呼！词意书迹，无不宛然。惟是魂神，不知去处。每开一卷，刀搅肺肠；每读一篇，血滴文字。

在这篇祭文的后面，白居易给白行简絮絮叨叨说了许多生活琐事，那些弟弟生前就有但是没能等到实现的家庭计划。最后，白居易控制不住情绪，悲伤地问，你的精魂还在吗？为什么我一直梦不到你：

> 岂幽冥道殊，莫有拘碍；将精爽迁散，杳无觉知？不然，何一去三年而茫昧若此？吾今头白眼暗，筋力日衰。黄壤之期，亦应不远。但恐前后乖隔，不知得见尔无？下邽北村，尔茔之东，是吾他日归全之位。神纵不合，骨且相依。岂恋余生？愿毕此志。[2]

---

[1] 见白居易《梦行简》。

[2] 见白居易《祭弟文》。

白居易发誓要跟弟弟埋在一起，黄壤之下，白骨相依。

失去至亲的白居易，已经做好了在世上寄生的准备。这时，他又听说了敬宗去世、文宗继位的内幕，内心更是"置心思虑外，灭迹是非间"[1]。从此，白居易的表现就像如下诗句所说的那样："尽日后厅无一事，白头老监枕书眠"[2]，"专掌图书无过地，遍寻山水自由身"[3]，直到二月十九日诏除白居易为刑部侍郎，他才不得不离开洛阳，去了长安。

到了长安，眼看着昔日的制科同年暴病而死，宦官兴风作浪，同僚相继离世，白居易心痛却又奈何不了，只能"百日长告"——称病等候免职。次年三月下旬，白居易诏授太子宾客，分司东都，又可以回洛阳了。白居易再一次心想事成。临行前，裴度、刘禹锡、张籍三人为他设宴饯别。张籍有诗留下："虽有逍遥志，其如磊落才。会当重入用，此去肯悠哉"[4]。

张籍对白居易的了解还是很到位的："虽有逍遥志，其如磊落才"，如此评价白居易，精辟而准确。但是，对于重用这件事，白居易早就不在乎了。他对长安没有丝毫的留恋，已经五十八岁的他，只求逍遥，至于"磊落才"能不能施展，他已经无所谓了。"尘缨世网重重缚，回顾方知出得难"[5]，"渐销名利想，无梦到长安"[6]，白居易只求摆脱尘缨世网，这种思想不仅让他晚年过的颇为安适，更让他在两年后，置身于"甘露之变"[7]的血腥之外。

---

[1] 见白居易《松斋偶兴》。

[2] 见白居易《秘省后厅》。

[3] 见白居易《闲行》。

[4] 见白居易《宴兴化池亭送白二十二东归联句》。

[5] 见白居易《长乐亭留别》。

[6] 见白居易《无梦》。

[7] 唐大和九年（835），27岁的唐文宗不甘为宦官所控制，和李训、郑注策划诛杀宦官，以夺回皇帝丧失的权力。11月21日，唐文宗以观露为名，将宦官头目仇士良骗至禁卫军的后院欲斩杀，被仇士良发觉，双方激烈战斗，结果李训、王涯、贾餗、舒元舆、王璠、郭行余、罗立言、李孝本、韩约等朝廷重要官员被宦官杀死，其家人也受到牵连而灭门。这次事件中受株连被杀的有一千多人，史称"甘露之变"。

白居易盛名之谜

陆

01

当时，洛阳被称为大唐的东都，是一个拥有百万人口的大都市，它被誉为"文化之都"，而首都长安的政治属性更强。

白居易在江州收获的内心平静，并没有随着他仕途顺遂而消失。他的淡然和出世，不是因为寻求入世而不得，而是他已经彻底地看透和放下。五十八岁的白居易，综合平生所学，把所有曾经指引自己人生方向的道理、学说摆放在面前，做了一番看似游戏实则严肃的综合陈述，写在《和知非》中：

> 因君知非问，诠较天下事。
> 第一莫若禅，第二无如醉。
> 禅能泯人我，醉可忘荣悴。
> 与君次第言，为我少留意。
> 儒教重礼法，道家养神气。
> 重礼足滋彰，养神多避忌。
> 不如学禅定，中有甚深味。
> 旷廓了如空，澄凝胜于睡。
> 屏除默默念，销尽悠悠思。
> 春无伤春心，秋无感秋泪。
> 坐成真谛乐，如受空王赐。
> 既得脱尘劳，兼应离惭愧。
> 除禅其次醉，此说非无谓。
> 一酌机即忘，三杯性咸遂。
> 逐臣去室妇，降虏败军帅。
> 思苦膏火煎，忧深扃锁秘。
> 须凭百杯沃，莫惜千金费。
> 便似罩中鱼，脱飞生两翅。

劝君虽老大，逢酒莫回避。

不然即学禅，两途同一致。

活到五十八岁的白居易，认为人生的真谛，"第一莫若禅，第二无如醉"，原因是"禅能泯人我，醉可忘荣悴"。他人和自己的分别，兴盛和衰败之间的挣扎，不就是人们苦恼的根源吗？白居易的语言功力已经炉火纯青，一语点破每一家思想的本质。

他继续论述他认为的儒、道两家的精髓："儒教重礼法，道家养神气"，这句话直指儒、道两家的精神内核。白居易评价说，儒、道两家都有致命的缺点："重礼足滋彰，养神多避忌"，儒家过于重视礼法，所以就滋生了做表面功夫的风气，也就是说，儒家更注重追求表现。而道家强调养神，这虽然弥补了儒家重表面而轻内在的缺点，但其追求内在的气定神闲，必须要注重避忌，否则就会伤神。

所以，白居易觉得"不如学禅定，中有甚深味。旷廓了如空，澄凝胜于睡。屏除默默念，销尽悠悠思"，或许他多年来伤春感秋，忧思成疾，寻药不得，苦不堪言，最后是在禅定冥想中得到了真正的解脱，因此他非常推崇禅定，这就是他说"第一莫若禅"的理由。

那为何醉酒排第二呢？他说"一酌机即忘，三杯性咸遂"，不论是行风流之事，还是率军打仗，只要喝醉了酒，"便似罩中鱼，脱飞生两翅"，就能够体会到逍遥自在的滋味，所以，白居易极力推崇禅和酒，认为两者是殊途同归的。

交代完前半生怎么让自己活得更舒服的人生经验，他对自己过去几十年的宦海沉浮，用"二十年来食官禄"一笔带过。他觉得，如果有什么其他营生，能让自己做着喜欢的事，同时又拥有满意的收入，他是不会去做官的：

《和自劝二首》

稀稀疏疏绕篱竹，窄窄狭狭向阳屋。

> 屋中有一曝背翁，委置形骸如土木。
>
> 日暮半炉麸炭火，夜深一盏纱笼烛。
>
> 不知有益及民无，二十年来食官禄。
>
> 就暖移盘檐下食，防寒拥被帷中宿。
>
> 秋官月俸八九万，岂徒遣尔身温足。
>
> 勤操丹笔念黄沙，莫使饥寒囚滞狱。
>
> 急景凋年急于水，念此揽衣中夜起。
>
> 门无宿客共谁言，暖酒挑灯对妻子。
>
> 身饮数杯妻一盏，余酌分张与儿女。
>
> 微酣静坐未能眠，风霰萧萧打窗纸。
>
> 自问有何才与术，入为丞郎出刺史。
>
> 争知寿命短复长，岂得营营心不止。
>
> 请看韦孔与钱崔，半月之间四人死。

在他看来，做官就如同坐牢，自己这种感觉，看看身边那些同僚的短命结局就知道了。白居易年轻时受尽情感的折磨，仍然比较长寿，说明他懂得适当地释放情绪、不伪装，在"春色满园关不住"的生命桎梏中，努力寻求"一枝红杏出墙来"，还是有效果的。

但是他仍然觉得遗憾，"平生赏心事，施展十未一"[1]。回想自己身不由己的入世选择，他选择"遇物辄一咏，一咏倾一觞"的生命形式，这让他体验到了"不知老将至，犹自放诗狂"的人间奇迹：

> 五年职翰林，四年莅浔阳。
>
> 一年巴郡守，半年南宫郎。
>
> 二年直纶阁，三年刺史堂。
>
> 凡此十五载，有诗千余章。
>
> 境兴周万象，土风备四方。

---

[1] 见白居易《和寄乐天》。

独无洛中作，能不心恨恨。

今为青宫长，始来游此乡。

裴回伊涧上，睥睨嵩少傍。

遇物辄一咏，一咏倾一觞。

笔下成释憾，卷中同补亡。

往往顾自哂，眼昏须鬓苍。

不知老将至，犹自放诗狂。[1]

"五年职翰林，四年莅浔阳。一年巴郡守，半年南宫郎。二年直纶阁，三年刺史堂"，熬了几十年，终于熬到可以倒数退休的年龄了，如果可以，他早就归隐山林了，而归隐山林又不能饿死老婆孩子，所以他选择好好打工，但不问世事：

《闭关》

我心忘世久，世亦不我干。

遂成一无事，因得长掩关。

掩关来几时，仿佛二三年。

著书已盈帙，生子欲能言。

始悟身向老，复悲世多艰。

回顾趋时者，役役尘壤间。

岁暮竟何得，不如且安闲。

以白居易这种心系苍生的天性，好不容易说服自己拿着俸禄过安闲日子，却还时不时地心存愧疚。"中人百户税，宾客一年禄"（《知足吟》），对既得利益的不安，是他始终还是那个少年的证明。

此时的白居易，对于自己二十九岁就科举成功、熬到五十八岁还没当上宰相的现状没有不平衡，他知道这些早已不是他的人生使命。

---

[1] 见白居易《洛中偶作（自此后在东都作）》。

他如此笃定又沉浸的生活状态，写出《中隐》也是水到渠成：

> 大隐住朝市，小隐入丘樊。
>
> 丘樊太冷落，朝市太嚣喧。
>
> 不如作中隐，隐在留司官。
>
> 似出复似处，非忙亦非闲。
>
> 不劳心与力，又免饥与寒。
>
> 终岁无公事，随月有俸钱。
>
> 君若好登临，城南有秋山。
>
> 君若爱游荡，城东有春园。
>
> 君若欲一醉，时出赴宾筵。
>
> 洛中多君子，可以恣欢言。
>
> 君若欲高卧，但自深掩关。
>
> 亦无车马客，造次到门前。
>
> 人生处一世，其道难两全。
>
> 贱即苦冻馁，贵则多忧患。
>
> 唯此中隐士，致身吉且安。
>
> 穷通与丰约，正在四者间。

"身仕而心隐"是苏轼的隐逸方式。苏轼代表了宋代士人特别是北宋士人，他们在获取科举功名之后，踏入仕宦生涯，而其内心的矛盾，则是一种心理空间的仕隐情结，这种情结，在白居易的《中隐》中就已见雏形。

心如止水的白居易，已然找到了自己的生活节奏，无论世界上有多少干扰和喧嚣，无论出世的场面有多么诱惑，他都找到了自己内在的安顿。无论旁人如何评价，他的内心都处于完全的舒展和自洽状态：

《咏怀》

昔为凤阁郎，今为二千石。

自觉不如今，人言不如昔。

昔虽居近密，终日多忧惕。

有诗不敢吟，有酒不敢吃。

今虽在疏远，竟岁无牵役。

饱食坐终朝，长歌醉通夕。

人生百年内，疾速如过隙。

先务身安闲，次要心欢适。

事有得而失，物有损而益。

所以见道人，观心不观迹。

他在《偶作二首》《晨兴》等诗中记录了自己的晨间时光，开创了"早起一族"的审美生活方式：

《偶作二首》（其二）

日出起盥栉，振衣入道场。

寂然无他念，但对一炉香。

日高始就食，食亦非膏粱。

精粗随所有，亦足饱充肠。

日午脱巾簪，燕息窗下床。

清风飒然至，卧可致羲皇。

日西引杖屦，散步游林塘。

或饮茶一盏，或吟诗一章。

日入多不食，有时唯命觞。

何以送闲夜，一曲秋霓裳。

一日分五时，作息率有常。

自喜老后健，不嫌闲中忙。

是非一以贯，身世交相忘。

若问此何许，此是无何乡。

《晨兴》

宿鸟动前林，晨光上东屋。

铜炉添早香，纱笼灭残烛。

头醒风稍愈，眼饱睡初足。

起坐兀无思，叩齿三十六。

何以解宿斋，一杯云母粥。

这一阶段的生活，在日记体的《三月三十日作》诗中有两句可以作为参考，"半百过九年"，"逐日添衰疾"，虽然实际上这是在哄人。别的不知道，白居易的睡眠肯定不错，《安稳眠》一诗里说得很清楚，"身虽日渐老，幸无疾病痛"，"既得安稳眠，亦无颠倒梦"，白居易每天的生活悠然而自律。那时候没办法当居家生活博主，但是他会用写诗的方式记录每天的美好生活。他每天早起，"宿鸟动前林"的时候就已起床，起床后先冥想，然后"叩齿三十六"。洗漱完毕，再喝杯云母粥。

吃过早餐后，扫扫有青苔的院子，感受一下池上的好风，然后欣赏一下池塘里像扇子一样大的荷叶，再去小亭中弹弹琴，固定的曲目是《蕊珠》和《秋思》，"蕊珠讽数篇，秋思弹一遍"。以上就是白居易的早课，早课完毕，开始会客，典型的先充实自己、再会见世界的优先顺序安排：

《朝课》

平甃白石渠，静扫青苔院。

池上好风来，新荷大如扇。

小亭中何有，素琴对黄卷。

蕊珠讽数篇，秋思弹一遍。

从容朝课毕，方与客相见。

白居易在诗中记录了自己的早间生活，当然，晚上他也会记录：

《晚出寻人不遇》

篮舆不乘乘晚凉，相寻不遇亦无妨。

轻衣稳马槐阴下，自要闲行一两坊。

趁着晚凉，不乘车坐轿，自己骑马出去会见朋友。碰不到也没关系，把马拴在槐荫下，自己散步走两条街。每天过着这么自律的生活，可是他自己却充满了松弛感，时不时还要写诗展示一下自己的懒——不看书，不弹琴，不戴冠，午饭随意吃，午觉恣意睡：

《慵不能》

架上非无书，眼慵不能看。

匣中亦有琴，手慵不能弹。

腰慵不能带，头慵不能冠。

午后恣情寝，午时随事餐。

一餐终日饱，一寝至夜安。

饥寒亦闲事，况乃不饥寒。

白居易在吃了一顿丰盛的午餐后，晚餐就不吃了，所以说"一餐终日饱"，晚上再好好睡一觉。他对自己远离饥寒的生活非常知足，但是他也清楚，他的生活并不是所有人都能享有的生活。他并没有为自己能够享受少数人才有的特殊而感到庆幸，在独善其身的同时，他又想起了那个兼济天下的梦，却不知该如何梦下去，只能在写诗时点到为止：

《知足吟（和崔十八未贫作）》

不种一陇田，仓中有余粟。

不采一株桑，箱中有余服。

官闲离忧责，身泰无羁束。

中人百户税，宾客一年禄。

樽中不乏酒，篱下仍多菊。

是物皆有余，非心无所欲。

吟君未贫作，同歌知足曲。

自问此时心，不足何时足。

上一首诗中欲说还休的思考，白居易写在了这首诗里。他在诗中写，自己并非劳动阶层却有吃有穿，百余户老百姓纳税，为官员提供了一年的俸禄。自己有酒有菊的生活，是建立在多少老百姓在生存线挣扎的基础上。他劝友人知足，此时此刻的自己，能做的只是写一首《知足吟》。这样的觉悟，出现在千百年后托尔斯泰的作品里，从中我们可以看到一种跨越时空的人性光辉的传承。

其实，白居易无时无刻不在共情农民的境遇，和年轻时候写讽喻诗的他相比，现在的白居易写作动机发生了变化。以前他是写给皇帝看，以为这样做是身为读书人的本分，是兼济天下的一种使命，是应该为百姓做的分内之事。然而，五十九岁的白居易已经知道这种做法是徒劳的，没人听没人看，更改变不了什么，但是他又不能因为没用就不去想不去写，于是，他只好轻描淡写地表达一下内心的波动，再感慨一番自己的惭愧和"不作为"：

《苦热》

头痛汗盈巾，连宵复达晨。

不堪逢苦热，犹赖是闲人。

朝客应烦倦，农夫更苦辛。

始惭当此日，得作自由身。

"朝客应烦倦，农夫更苦辛"，炎热的夏日，他只是会会客就这样烦倦，那些农夫呢，那些不得闲的百姓呢，他们又会怎样？"始惭当此日，得作自由身"，农民的挣扎是为了温饱、为了平安、为了交上赋税，他的挣扎却是如何安顿心灵、如何远离官场倾轧和党争凶险。

可是，一想到辛苦的农夫，他还是会为自己来之不易的自由身感到惭愧。他对这世间的秩序和规则有了全新的认识，对以前戴着滤镜看到的世界有了更为本质的洞察——所谓的贵达人生，不过是一种贪生爱名的自我欺骗。

在白居易眼中，他真正的归宿，不是家产，而是筋骸，不是官袍，而是诗意。那些世人都看中的东西，在他看来不过是充满凶险的游戏。在明争暗斗中，烫伤了自己的手，成就了旁人的热。相比起来，还是在这自由的方寸之间，怡然自得地生活更快乐：

《偶作两首》（其一）

扰扰贪生人，几何不夭阏。

遑遑爱名人，几何能贵达。

伊余信多幸，拖紫垂白发。

身为三品官，年已五十八。

筋骸虽早衰，尚未苦羸惙。

资产虽不丰，亦不甚贫竭。

登山力犹在，遇酒兴时发。

无事日月长，不羁天地阔。

安身有处所，适意无时节。

解带松下风，抱琴池上月。

人间所重者，相印将军钺。

谋虑系安危，威权主生杀。

焦心一身苦，炙手旁人热。

未必方寸间，得如吾快活。

刘拾遗说，白居易这一时期的诗作，反映社会现实的少了，描述个人生活和抒发个人情感的多了，而且作品中渗透了知足保和的思想，甚至还流露着消极、颓废、人生无常的情绪。他的诗，明显退步了。

显然，这个对白居易此一阶段作品的总结是准确的。但是这样的表现，是否就等于退步了，笔者持保留意见。刘拾遗这篇有关白居易的文章写于 1983 年，作古的人是不断在活人的润色中存在的。显然，二十世纪八十年代的社会思潮，影响了他对白居易的认识和评价，因此他对白居易"躺平"提出了批评，对他的颓废表达了惋惜，但他没有看出，此时的白居易，才真正具备了时代的前瞻性和超越性。

他看透了生活却仍然热爱生活。他关心的不是通过学习圣贤的教诲，能否成为一个合格的士大夫、一个得到君王认可的官员。他穿越这些谎言的迷障，发现人生在世，最应该关心的是如何找到自己、如何自由支配自己的身心。他发现所谓的日常生活并不是不值一提的庸俗之事，这些琐碎的日常才是生命的本质。他不再追求宏大的叙事，而是有了对当下的觉知，他懂得了爱具体而非爱虚幻的意义。

如果说有一件事是必须要做的，那就是爱自己。

人就应该像白居易那样，从喜欢里面得到快乐和力量，而不是用尽所有的快乐和力量去喜欢。

白居易成为一个俗人，留下了让后人诟病他俗的无数素材。

02

刚到长安任职时，白居易就担心他的少年心会在帝都的名利场中消磨殆尽，"遂使少年心，日日常晏如"[1]。

在至暗时刻历劫归来的白居易，最担心的不是个人的安危荣辱，而是此去归来，再也寻不回那颗赤诚的少年心，"形质属天地，推迁从不住。所怪少年心，销磨落何处"[2]。

回到洛阳的白居易，觉得一别二十年，洛阳的春天还是那个春天，只是他的少年心已经寻觅不见："洛阳陌上春长在，惜别今来二十年。唯觅少年心不得，其余万事尽依然"[3]。前文说他喜欢喝酒，酒后带给他一种特别的感觉，就是"少年心不远，只在半酣中"[4]。

少年心对于白居易来说意味着什么？意味着对身心自由的向往，意味着对压制管束的反抗，"文章辩慧皆如此，笼槛何年出得身"[5]，也意味着天然野性的至死不改。他对自己有着清醒的认识，"蒲柳质易朽，麋鹿心难驯。何事赤墀上，五年为侍臣。况多刚狷性，难与世同尘"[6]。

当时，仅仅经过十年的仕途磨合，就让他更加笃定地认为，自己就是蒲柳质、麋鹿心，根本不适合在皇宫的台阶上行走。他的刚正狷介、难以驯服，在富贵名利场里，早晚会生出祸端，只有云泉深处，才是他的原乡。白居易这种对自我本性的认识，深刻而大胆。

野性，其实是产生艺术家、天才的先决条件，封建社会森严的等级划分，将每个人的身份属性确定了下来，不适应这种等级划分的人，等于无路可走，而勇于挣脱这种束缚、遵循自己天性的人，只能选择"隐士"的身份。

如果深究，我们就会发现，真正发自内心享受"隐士"状态的人并不多。多数"隐士"，只是以退为进，把跻身显赫作为终极目的。真心把保护天性当成人生最高目标的，在中国历史上的文人中，只有庄子、陶

---

[1] 见白居易《常乐里闲居偶题十六韵兼寄刘十五公》。

[2] 见白居易《渐老》。

[3] 见白居易《洛阳春》。

[4] 见白居易《烧药不成，命酒独醉》。

[5] 见白居易《红鹦鹉》。

[6] 见白居易《自题写真》。

渊明和宣布"中隐"的白居易等寥寥数人而已。

白居易对少年心的执着和坚守，让他成为士大夫群体中的一个另类。他的一生，可谓是在践行一种孤勇逆行的悲剧美学，这种生命形式是一种革命性的孤独。白居易是这种孤独的体验者，在他能接触到的学问里，还没有出现他可以投靠的乌托邦。

所以，总是以陶渊明、白居易转世自居的苏东坡，终其一生，也保持了一颗不死的少年心。他一生不顾别人眼光的风流自在，好像都可以在这位唐朝"老顽童"身上找到效仿的力量。

苏轼在解释"同人于野，亨，利涉大川，利君子贞"一句时说："'野'者，无求之地也。立于无求之地，则凡从我者，皆诚同也。彼非诚同，而能从我于野哉！"所谓"无求之地"，指的正是超越一切世俗功利、回归自然的人生境界，用当下的一句流行语就是——做自己的太阳。

以往，我们只认识写《长恨歌》《卖炭翁》的白居易，不知道苏轼如此推崇白居易的原因，而当以"革命的孤独"重新审视这两个人时，则不难发现，他们在人格特质和思想境界方面的一脉相承。

无论是白居易还是苏东坡，都受困于"世缘终浅道根深"，明知自己不适合食禄人生，却又不知可以逃到哪里去，于是他们只能不约而同地放弃了生存所必须掌握的圆滑和老成，捧起了生命中最初的那颗少年心，把一生清澈当成"战斗"的成果。

白居易之后，苏轼也同样孤独地度过了少年之心至死不改的一生。他们身上体现出的异质性，被明代李贽总结为"童心说"：

> 夫童心者，真心也。若以童心为不可，是以真心为不可也。夫童心者，绝假纯真，最初一念之本心也。若失却童心，便失却真心；失却真心，便失却真一人。人而非真，全不复有初矣……天下之至文，未有不出于童心焉者也！苟童心常存，则道理不行，闻见不立，无时不文，无人不文，无一样创制体格文字而非文者。[1]

---

[1]《童心说》是明末杰出思想家李贽的一篇议论文，收录于《焚书》。该文写于明神宗万历十四年（1586），主要是用来驳斥耿定向的理论。

只要拥有童心，就是真人，只要是真人，所写的文学便是最高级的文学。不必盲目崇古，也不必总结各种要义，只要找回童心，便可摆脱道学的禁锢。

有童心的人，真的就是这个世界中的异类吗？是什么在毁灭童心？

李贽说，童心常存，则道理不行。

毁灭童心，是为了给道理让路啊！怪不得，童心在中国古典文化的世界里，格外稀缺！

03

白居易不敢明目张胆吐露的心声，在一千多年后，却是某位女性作家理所当然的自白。由此可知，白居易的孤独，白居易的选择，白居易的痛苦，会在日后迎来无数的知心人，可是在白居易所处的时代，能够让白居易觉得这可以在某个隐秘的角落里聊一聊的，只有一个人，他就是元稹。

每一个改变世界的人，都经历过一段和世界不能融洽相处的时期。而每一个最终挣脱禁锢、找回自己的人，都会在涅槃之后，遇到志同道合的同伴。

元稹和白居易的友谊，基于二人一路走来同样的痛苦经历，只不过元稹和白居易相比，有点两面性。元稹属于那种"既要又要"的典型，既有真性情的一面，又有假道学的一面。而白居易不是，白居易也试图"既要又要"，但这种做法，以他这种赤诚率真的人品学不会。于是，白居易终究没有变成自己讨厌的样子，他妥协的姿态，至多能做到躺平，却无法做到虚伪。

虽然他和元稹是不同的人，可两人却是可以彼此坦诚交流、吐露秘密的好友。元稹的存在给白居易带来些许宽慰，毕竟这些年里他一直被一种潜别离、生别离的痛苦包围着，虽说这并不是他一个人的"病"。史铁生说，心灵间的呼唤与回应、投奔与收留、袒露与理解，便是心灵解放的号音，是和平的盛典，是爱的狂欢。白居易终其一生都在追求心灵的被回应、被收留、被理解，他没有在爱情中得到的认可，却在友谊中得到了。

从白居易的诗句里，可以看出两人的情谊非同一般，他在《别元九后咏所怀》中说："相知岂在多，但问同不同。同心一人去，坐觉长安空"。

可见，两人已经好到一个人离去会让另一个人觉得整个城市都变成空城的地步。"相知岂在多，但问同不同"，白居易这句话也回答了友谊的基础是什么，就是灵魂本质上的相似，相似到让你觉得对方是世界上的另一个自己，觉得两人是灵魂上的同类，是没有血缘关系的兄弟。

《古诗十九首》中有"同心而离居，忧伤以终老"的诗句。在人人都戴着面具的官场里，将一个人称为"同心"，首先需要有卸掉面具的勇气，其次，在卸掉面具后，能够发现彼此依然惊人的相似。所以，在中国古典文学里，遇到知音是一件罕有的事情，是上天给予的一种馈赠。

在另一首诗《赠元稹》中，白居易再次强调"衡门相逢迎，不具带与冠"，他们的交往，不是人情世故上的普通社交往来，而是实现了彼此间真正的互相认同——"所合在方寸，心源无异端"，他们的思想和灵魂，每一方寸都是契合的，在本源上都是来自同一个世界。这种说法，真的是对知己何以成为知己的最确切生动的描述。

而白居易为何是一个注定拥有知交的人，茫茫人海为何他如此认定元稹就是他的知交？

一个特立独行的人，在踽踽行走于世的时候，能有几个同行一段路的人，是格外幸运的。而白居易和元稹的友谊，可谓是中国古代文人中知交的典型，这种能够在本我、自我、超我的多维人格中都具有重合性和相谐性的友谊，实属罕见。

同窗、同僚只是一种表面的际遇，真正决定二人友谊深厚和深远的，是他们在自我认识和社会洞察方面的旗鼓相当、势均力敌。在以儒家思想为生命食粮的这群食禄者中，二人的见解和认识可谓超前且深刻。

《与元九书》是白居易写给元稹的一封书信，这封书信很长，用简洁的古文写，都有四千余字，里面涉及白居易对中国诗学史的梳理，对自己创作史的定义，并提出了非常前沿且创新的诗歌写作观。该观点的学术意义虽然早已被学术界关注，但因受上个世纪末时代思潮的影响，当代学界关注的多是他在讽喻诗中提出的"文章合为时而著，歌诗合为事而作"的进步意义。其实，这只是这篇文章的亮点之一，《与元九书》的深度、广度和文学思想的超前程度，远远不止这些。

在这篇文章的开篇，白居易从拉家常开始，非常随意地娓娓道来，讲述这封书信的写作缘起。他说，自从元稹被贬谪江陵，二人经常有书信往来，在书信中他们会谈到古今诗歌之义和为文因缘等内容，这引发了白居易很多思考。他攒了一肚子话，好几次都不了了之，终于在今天写了这封长信，把它给讲透了。全文从诗歌起源开始，梳理白居易自己的文艺观。

白居易说，文是世间最高级的存在。天、地、人三者都以文为载体展示其精华。天之文就是日月星，地之文就是金木水火土，人之文就是以六经为首的文学，而《诗经》又是六经之首。为什么？因为诗歌可以让君主感受到民众的心声，从而达到天下和平的状态。这句话虽然体现出白居易的思想有时代局限性，即仍然渴望圣主明君带来天下太平，但他接下来的论述却具有一定的划时代意义。他说，要想让圣主明君为百姓的心声所感动，关键是诗要有情。能够感动人的诗文，一定是由情而发。

"诗者，根情，苗言，华声，实义"，这是白居易对诗的定义。就像一株植物，有根才有生命，而根就是情。语言是植物的枝叶，是肉眼可见的外在。声韵就好比植物的花朵，花朵可以让植物更美，但不能代替植物本身。诗歌其实就是以上全部要素都具备后进而结出的果实，缺少任何一样，都不会产生真正的意义。而诗歌的审美意义，对于所有人尖说，都是平等的，不分阶级，不分出身，不分资质，甚至不分三界，无论是人鬼神，还是圣贤愚。在诗歌的国度里，情就是通行证。

白居易肯定地说，受到情的感召后人必然心领神会。白居易提出了一个关键的观点，即情才是为文的根本，继而提出，拥有情、抒发情也是为人的根本。他从诗歌的根本使命来论证他这个观点，并辨析说文的传统并不是载道。所谓道，是文这个生命体最后开出的果实。只注重论道，而不是真正由情出发作出的诗文，不过是虚假的道具，就像假花一样，即使看着逼真，却改变不了"没有生命"的事实，更是对人没有益处。

白居易的此番理论被学术界认为是开启现实主义文学的重要理论基础。其实，除了用现实主义去理解白居易的理论建树，我们更应该重视他的"情本"主张。用"根情，苗言，华声，实义"这一观点，不仅可以解释白居易的全部作品，更能以此来理解中国文学史从源头到当下的一切伟大作品。所有写作要素在作品中的地位和作用都非常明确，文学史中出现的一些现象，往往削弱了"情之根"，人为放大了言、声的作用，这是违背规律、舍本逐末的。

白居易说，所以圣人最知道诗歌的魔力，把风、雅、颂、赋、比、兴作为诗歌的六义，强调诗歌一定要具有美刺作用，这也是把儒家思想作为必修课的士大夫，最根深蒂固的底层作诗逻辑。只不过有的人是真的相信，有的人只是答题时候相信，白居易显然是前者。他真诚地认为，只要能够通过诗歌体现民间真实的生活图景，就可以帮助帝王治理天下、直道而行，这也是他人生的意义所在。因此他发自肺腑地立志要做一个股肱良臣，而且理所当然地认为，这样的初心，这样的君臣合作，这样的理想，是完全可以实现的。

白居易认为，从《诗经》传统而来的完美君臣设定是这样的：臣与君，一个写，一个听，一个采集，一个采纳，这个构想设计出来之后，没持续多久就荒废了。"上不以诗补察时政，下不以歌泄导人情"，取而代之的是谄媚成风，士子文人再也没有了为君主补阙救失的想法。六义被剔除了，诗歌从形式到内容，都在抒发士不遇的悲苦。文学的功能从写给君主听，变成了士子文人可怜自己的怨思和彷徨，甚至是一种失路之人的疯狂。

这也无可厚非，毕竟这也属于诗缘情的传统。六义早就难以为继，到了晋、宋，诗人们都去书写山水田园，梁、陈间，更是"嘲风雪，弄花草"，《诗经》里有这种单一而直接的"嘲风雪，弄花草"吗？《诗经》里表面上的这类风雪花草，都是比兴，都是有讽喻意义的，"兴发于此而义归于彼"。可梁、陈之际的诗呢？"归华先委露，别叶早辞风"[1]，写的风景的确很美，但有什么讽喻的作用吗？这正说明六义的传统早就不存在了。

白居易对诗歌传统功能的论述可谓十分精彩，把政治教化作为《诗经》的第一属性，分析得一清二楚。而对于魏晋梁陈之际，不为政治服务、只为人的情感和见闻服务的文学，他是坚决否定的，而且彻底否定了它们存在的意义。白居易非常清楚地洞察了一点，就是此前的中国文人在写作中，文字不带点言外之意，似乎是不合理的。白居易热切呼吁恢复这一传统，强烈批评后来丧失六义传统的作品。这种批评其实也透露了白居易在写作中遇到的矛盾，他一方面认为写作一定要具有社会现实价值，一方面自己又创作了很多自然随性的作品。

人的思想毕竟是在变化的，白居易此时此刻坚决反对的，在多年之后，他反而要说一句抱歉。最终，他的阅历和反思会让他放下此时的执念，认为文学无论是为君还是为己，都是值得肯定的。出于任何一种考虑来否认另一种存在的价值，都是不应该的。白居易"嘲风雪，弄花草"的作品，也是别有一番深刻滋味和研究价值，这个我们后文再谈。

白居易论述到了唐朝，他总结的文学史里程碑，和后世经过大浪淘沙后沉淀下来的精髓基本一致，可见其眼光之独到。陈子昂开拓了盛唐风气，李白以才、奇为特征，无法用风雅比兴的标准来评价，杜甫写了千余首诗，但符合六义的作品，不过《新安吏》《石壕吏》《潼关吏》《塞

---

[1] 见白居易《玩月城西门廨中》。

芦子》《留花门》等，杜甫已经是典型的现实主义忧国忧民的诗人了，那些不如杜甫的诗人，写出来的具有讽喻作用的好诗更是寥寥。

白居易感叹道："诗道崩坏，忽忽愤发"，他为此废食辍寝，想要重振诗歌的传统，即便明知道自己的力量微弱。白居易之所以用大量的篇幅梳理诗歌传统的源流关系，也是因为对现实之大谬感到既焦虑又无力，三言两语不能说透，只好粗陈以上，也算是对自己长期思考的一种总结。

接下来，白居易开始诉说自己的生平，追溯历史是为了找到自己的时代坐标，而分析个人的成长经验，则是为了更好地定位个人特质与时代需要之间相得益彰的部分。暂且不论白居易这段写了什么，他分析问题的方式就非常可取。接下来我们看看，白居易是如何描述自己的童年，又是如何识别埋藏在童年往事里的天命信号。

白居易说，自己出生六七个月就可以认字，虽然不能说话，但心已默识。等到长大一点，能说话了之后，问他仆人教过的字，无一字认差。五六岁时开始学诗，九岁知道声韵。十五六岁，知道学文化可以考进士，就开始苦读。到二十岁时特别用功，学到"口舌生疮，手肘成胝"，头发衰白牙齿松动，甚至眼睛都患上了飞蚊症。

白居易说，自己家庭贫穷且多变故，这是比较客观的。前文已经交代过，白家不是什么达官显贵、名门望族，作为普通的官宦家庭，其物质条件并不是特别富足。白居易说，他二十七岁通过乡试，虽然成为应试大军中的一员，但写诗一直没有荒废。到了被授予校书郎这一官职时，他已经写了三四百首诗。写完诗拿给朋友同僚看，都说他写得工整，但都没有发现他诗作的特色。后来，随着年龄增长阅历增加，他亲身参与了一些国家大事，再读书史，便有了真知灼见。如此一来，才想明白写诗到底为了什么——"文章合为时而著，歌诗合为事而作"，不论是写文章还是写诗歌，都要为时代、为现实发声。这时候新皇帝刚刚登基，宰相也是正人君子，所以大环境鼓励士大夫为新皇帝上呈民间资讯。

白居易说，自己年轻时候踌躇满志，对写诗的热爱和坚持，以及岁月的洗磨，加速了他写作观的形成。他说自己初出茅庐便躬逢圣主，这也加强了自己实践初心的志向。

白居易接着讲，有了这样的年少之志后，他是如何把这份豪情壮志挥洒在自己的工作岗位上。作为谏官，他真的相信天子治理的国家可以在自己的谏言和启奏之间，变得更好更太平。对于不能指出的问题，他就写成感人的"歌"，唱出来传播。当他以为自己所做的事情能够实现平生之志的时候，却直接被现实重锤，"志未就而悔已生，言未闻而谤已成"。显然，白居易的志向被证明是幼稚的，他单纯的信任带来的是接二连三的诽谤。

对此，白居易开始忍不住发牢骚，盘点自己那些得罪人的光荣事迹：写《贺雨诗》，大家议论纷纷，说不吉利；写《哭孔戡诗》，大家表情意味深长，强忍不悦；写《秦中吟》，权贵们听后脸色都变了；写《登乐游园》，手绾权柄者把指骨节都掰响了；写《宿紫阁村》，掌握军队的人牙都要咬碎了。他知道自己写了无数让权贵们咬牙切齿的诗作，所以不能一一列举了。他很清楚，和他划清界限的，都是一些卑污讪谤之徒，而支持理解他的，在当时混的都不太好。他身边的至亲，都觉得他有病。那些认为他做得对的，一个个都死了，就剩下一个元稹。难道是天地仁心变了？难道是天经地义的诗歌使命不存在了？如果真是这样，等于老天不再"使下人病苦闻于上"了。白居易不知何去何从，这等于让白居易接受儒家对士人的要求完全是一种欺骗。这个结论，白居易这时是不愿也不敢作出的，但是他敢追问到这个地步，离想通也就不远了。

随后，他又说自己除了读书著文，对其他事情都懵然无知，除了从少年时期开始一心追逐的复兴六义的志向，其他技艺什么都不会。他在朝中没有背景、没有靠山，可谓"策蹇步于利足之途，张空拳于战文之场"。白居易估计也很奇怪，让他这样的人进入朝中，十年之间，三登科第，出交贤俊，入侍冕旒，到底是为什么呢？为什么当初因为诗才优异、志向虔诚而录取他，录取后又千方百计拦阻他发挥自己仅有的才能呢？最后，他自己总结了一句"始得名于文章，终得罪于文章"，也算顺理成章，这就是自己的命。

在文章中，白居易已经不把元稹当外人了。讲完这些，白居易又开始叙述自己的小得意。传闻礼部、吏部举选人才，都以他当年的私试赋判为标准。他写的诗流传甚广，甚至连倡伎都标榜自己会唱他的《长恨歌》，所以身价更高。这对他来说，是雕篆之戏，没当成正经事去做，反而评价最高。他觉得自己和李白、杜甫没法比，在写作时，他必须承认自己是个俗人，需要写这些内容。

写到激动处，白居易又开始给自己做心理建设：名利这东西，是不能多得的。自己得到了名声，又想得到富贵，上天怎肯如此偏待他呢，显然是不可能让他兼得，所以今天的他穷困潦倒也是必然的。想想那些前辈诗人，命途大都坎坷，自己的才华不及他们，今天虽然身处贬谪之中，但也还有个五品官做，还有四五万的月俸。有吃有穿，还能养活家人，也算不愧对白氏祖先了。

白居易将自己的作品分为几类：一部分是对公写作，题为新乐府，谓之"讽喻诗"；一部分是私密写作，既有写来怡情的"闲适诗"，也有情理动于内、有感而发的"感伤诗"；还有一些是自由的、随意的写作，叫作"杂律诗"。这几类几乎可以囊括白居易的写作日常了。他还跟元稹说，有机会相见，都拿给他看。

"穷则独善其身，达则兼济天下"这句话，很多士大夫都会提到，但只有白居易完完整整地践行了这句话的真谛。在力所能及的地方，他陈力以出，不计得失。他说自己"志在兼济，行在独善，奉而始终之则为道，言而发明之则为诗"，他的行为和作品，都可以对号入座。白居易为自己设计了一个全方位的写作矩阵，完整地安放他那立体而丰富的灵魂。他对自己的社会人格和自然人格都给予了足够的关注和展示，而且全都出于真诚和真情。后世学者在品评白居易的作品时，会批评他的诗歌过于直露，殊不知这正是他率然成章、把写诗当成日常而非经营完美人设的结果。他还特意嘱咐，有些作品是为自己释恨佐欢的，如果日后给他编全集，可以忽略。正是这种随性自然不做作的写作姿态，才成就了白居易超越时代的魅力。

他对元稹深情告白说，元稹啊，古往今来，人们都是相信自己听到的，却不肯亲眼去看一看，愿意盲目地崇拜过去，却觉得此刻劣迹斑斑。我不想重复这样的错误，所以，除了和你分享我复兴六义的梦想，我也得客观地说，韦苏州的诗，就很符合我的写作理想。但是他在世的时候，大家并不懂他，他走了，人们才开始认识到他的宝贵。我会不会也是这样的命运呢？世人喜欢我的《长恨歌》，可是世人重视的，却是我所轻视的。我知道自己的讽喻诗和闲适诗都有致命的缺点，没人会喜欢，只有你喜欢。我活着的时候能得到的认可，只有从你这里了。可是，千百年后，还会不会有你这样的知己出现呢？也和你一样爱我的诗歌呢？这八九年来，我们在身处顺境的时候，写诗互相提醒，在落魄的时候，写诗互相勉励，分离的时候写诗彼此慰藉，相聚的时候写诗彼此娱乐，我们在诗歌中相依为命。知我者，罪我者，全都是诗。

白居易又回顾了他和元稹相交相知的一些细节，他们曾经一起春游城南，马上相戏，聊诗甚欢，而且品味和喜好都极其相似。他对元稹说，赋诗这种瘾癖，他都分不清对他来说是魔鬼还是救赎，有时候因它而获得生命中最高的乐趣和欢愉，有时候也因它而承受极深的折磨和痛苦，但是他乐此不疲，甘之如饴。他呼唤着元稹的名字，告诉他，他们之所以可以一起摘下面具，放浪形骸，不惧流言诽谤，还不是因为有诗给他们力量。在《红楼梦》中，林黛玉有一首《咏菊》："无赖诗魔昏晓侵，绕篱欹石自沉音。毫端蕴秀临霜写，口齿噙香对月吟。满纸自怜题素怨，片言谁解诉秋心？一从陶令评章后，千古高风说到今"，显然就是白居易这种诗魔症状更为具体的延续。

白居易的这封书信，想必是写了很久。一贯而下，一气呵成，思接千载，思路清晰，把他灵魂深处最隐蔽的秘密和最深刻的思考呈现给了他最重要的朋友。这份信任，这份真诚，既是倾诉对象元稹的幸运，也是倾诉者白居易的幸运。

在中国文学史的源头，文学诉求和政治诉求同体同源，文学的情感力量和政治情怀的荣耀感彼此辉映，使得人们将文学与政治的功用混为一谈。但随着封建王朝的政治现实和儒家思想的最初设定渐行渐远，和政治捆绑在一起的文学，逐渐失去了当初撼动人心的美好特质。迷茫困顿于所处时代的文人们，却不知为何走不出今不如昔的迷雾，而白居易无心插柳柳成荫，却在无意中闯入了文学中国的"桃花源"。

这篇《与元九书》在《旧唐书·白居易传》中被全文转载，可见五代时期修史之人高度认同《与元九书》的史料价值。

江州时期，白居易和元稹的书信往来格外多，也正是这种互相扶持和安慰，让他们双双走出困境，迎来曙光。元稹的《得乐天书》写出了这种双向奔赴："远信入门先有泪，妻惊女哭问何如。寻常不省曾如此，应是江州司马书"。不得不说，在人生低谷时刻，能有这样一个让自己流泪展信的人，是无比稀缺的幸福。而笔者也常想，如果自己身处人生低谷，能有白居易这样的朋友，用这样的笔触、这样的情感写信给自己，难道自己会比元稹更冷静吗？

文学究竟是为了艺术还是为了人生？对于这个问题，文学改革家们争吵了几百年，可是，白居易却用自己的一生回答了这个问题：一个人首先能够做到审视自己的呼吸，了解自己的痛苦和恐惧，懂得人生的曲曲折折、沟沟坎坎，然后才能成长为一个为社会发声、为生民请命的人。就像中国文学史上最伟大的作品《红楼梦》所呈现的那样，那些故事中咏菊、咏海棠的女子，和把她们的生活、命运写成巨著的作者，是同一种人，同一种孤标傲世、满怀诗意、富于灵性、洞察一切的人。而作为深闺中的才女，由于没有士大夫的身份，也就不需要用诗歌进行政治献媚的虚伪表演。所以，她们的诗虽然表面上是写小我之情志，实际上却展示出根于情、实于义的社会影响。

所以，文学一定是推己及人的，而不能从一开始就进入无我。"己所不欲，勿施于人"，要先知道什么是己所不欲。把文学崇高化、神圣化、无我化的道德绑架是危险的，把为自己的情绪抒怀当成独善其身的无能之举，也是片面的。为自己的心灵书写的人，不等于忘记了关怀苍生，并不是只为苍生呼喊的人，才是伟大的圣人。一个写作者最终的定位，应该看他整体的写作史，而不是某个个别作品。

一个作者的伟大与否，不能看他是否忘我，而是要看他的言论，有多少出自真我。

01

白居易回到洛阳已经两年了，这两年里，白居易的心情是闲适的，生活是慵懒的。他高兴的是，生了儿子阿崔，晚年得子，值得庆幸。他在给元稹的《予与微之，老而无子，发于言叹，著在诗篇》中说："五十八翁方有后，静思堪喜亦堪嗟。一珠甚小还惭蚌，八子虽多不羡鸦"。

大和五年（831）正月，白居易就任河南尹。按照唐制，京兆、河南、太原三府，各设牧一员，从二品；尹一员，从三品。洛阳是东都，河南尹犹如京兆尹，这个官职地位很高，可以说白居易已经熬到了幸福的晚年。然而，白居易已经没有了在杭州、苏州时的那种心情，他只是例行一下公事而已，他也毫不掩饰自己的想法：

《六十拜河南尹》

六十河南尹，前途足可知。

老应无处避，病不与人期。

幸遇芳菲日，犹当强健时。

万金何假藉，一盏莫推辞。

流水光阴急，浮云富贵迟。

人间若无酒，尽合鬓成丝。

他的行动基于他的想法。上任不久，便开始修庭院、筑花台，把自己的工作和居住环境打造成符合自己品味的样子。就在他新的生活秩序刚刚建立，不幸的事情发生了，小儿子阿崔夭折了。

白居易这一生，一共有过三个孩子：金銮子、阿罗、阿崔。女儿金銮子，三岁夭折，那时他四十岁。后来有了女儿阿罗，阿罗是唯一一个他看着长大、出嫁、生育的孩子。老来得子阿崔，本来给他带来很实在的希望，但是最后，还是以更为巨大的悲痛收场。

　　自从白居易回到洛阳，生命中的一切坎坷和风浪看似都已过去，云淡风轻成了他新的风景，但老友接二连三地离世，让他的生命真正承受了年轻时并不懂得的沉重和苍凉。

　　尽管白居易从前一再经历这种骨肉分离的伤痛，但这一次却是绝望的、无法愈合的。自己的人生已然走向尽头，一个个告别而去的好友、逐渐虚弱的身体、苍老衰微的生命状态，无时无刻不提醒着他，人生已走到晚年，即将谢幕。

　　还没走出伤痛，这一年的七月，元稹又传来死讯。

　　八月，元稹的灵柩运回洛阳，白居易亲至履信坊吊唁，"八月凉风吹白幕，寝门廊下哭微之。妻孥朋友来相吊，唯道皇天无所知"[1]。元稹暂厝[2]，等待次年大葬时，白居易又亲临坟前祭奠，并作《祭微之文》，再度痛陈二人的友谊：

　　　　呜呼微之！贞元季年，始定交分，行止通塞，靡所不同，金石胶漆，未足为喻，死生契阔者三十载，歌诗唱和者九百章，播于人间，今不复叙。至于爵禄患难之际，寤寐忧思之间，誓心同归，交感非一，布在文翰，今不重云……呜呼微之！始以诗交，终以诗诀，弦笔两绝，其今日乎？呜呼微之！三界之间，谁不生死，四海之内，谁无交朋？然以我尔之身，为终天之别，既往者已矣，未死者如何？呜呼微之！六十衰翁，灰心血泪，引酒再奠，抚棺一呼。《佛经》云："凡有业结，无非因集。"与公缘会，岂是偶然？多生以来，几离几合，既有今别，宁无后期？公虽不归，我应继往，安有形去而影在，皮亡而毛存者乎？呜呼微之！言尽于此。尚飨。

　　祭文中还提到了元稹曾给他写的诗，"君应怪我留连久，我欲与君辞别难。白头徒侣渐稀少，明日恐君无此欢"，又曰："自识君来三度别，

[1] 见白居易《哭微之二首》。

[2] 暂厝，指人死后浅埋以待改葬或停枢待葬的情况。这种习俗在中国古代非常普遍。

这回白尽老髭须。恋君不去君须会，知得后回相见无"[1]。一对相伴到老的朋友，在见一次少一次的预感中，留下了无限伤感的遗言。

六月，白居易用给元稹写墓志铭的赆钱，重修了香山寺，历时三个月竣工。白居易把重修经过写在了《修香山寺记》中。七月十二日，元稹的灵枢在其咸阳祖茔下葬。不久，礼部尚书崔群突然在长安逝世。白居易伤感不已，写诗给刘禹锡，告诉他这个悲痛的消息：

《寄刘苏州》
去年八月哭微之，今年八月哭敦诗。

何堪老泪交流日，多是秋风摇落时。

泣罢几回深自念，情来一倍苦相思。

同年同病同心事，除却苏州更是谁。

白居易曾经在洛阳与崔群相邻而居，两人有终老之约，翰林共事五年，颇有些志同道合，白居易在祭文中说：

始愚於公，同入翰林，因官识面，因事知心，献纳合章，对扬联襟，以忠相勉，以义相箴，朝案同食，夜床并衾，绸缪五年，情与时深。

关于崔群，有一个流传甚广的故事。崔群以贤明著称，有一次，他的妻子劝他别光要名，还得为子孙的将来考虑，帮他们购置几处庄园，崔群回答说："别担心，我已在全国各地置下了三十处最美的庄园。"夫人听了很惊讶，不知道他什么时候投资的房地产，崔群解释说："前年我做主考官时，录取了全国各地的考生三十人，他们每一个人都是一座最美的庄园。"不过，崔群本人对自己的主试官陆贽却比较冷淡，做主试官时也没有录取过陆家后代。崔夫人听完他的"庄园理论"后，开玩笑说：

---

[1] 见白居易《过东都别乐天二首》。

"可惜陆贽先生的庄园荒芜了。"

很显然，崔群和他妻子眼里的庄园不在同一个频道上。崔群认为三十个考生就是他精神财富的延续，是他的思想和学识能够为社稷造福的证明，这是儒家追求的"三不朽"中的一种。但他妻子要的庄园，是能够给自己子孙留下的一些物质积累。两个人的想法都是合理的，也是人活在世上无可厚非的追求，不过，他们的对话也恰好说明了士大夫的追求与女主人居家过日子的考虑之间的矛盾。

"君子之于物也，爱之而弗仁；于民也，仁之而弗亲。亲亲而仁民，仁民而爱物"[1]，这是儒家思想最为显著的特征，即有等差的爱。这种爱让人们产生了三种情感："亲亲"，即亲近与自己血缘关系近的人；"仁民"，即对百姓要有仁爱之心；"爱物"，即热爱天地万物。三种感情中，处于第一位的是"亲亲"，即要求每个人都要爱护亲人，不要内疏而外亲。亲近外人，疏远家人，就会影响家庭关系，造成不和，也会给外人以可乘之机。

这是儒家思想对每一个人的要求，也就是说，一个人要担负起对家族的责任，尽可能地让与自己血缘关系近的亲人"沾光"。崔群和他妻子的这个对话不管真假，大家听后普遍的反应就是认同崔群夫人的反怼，而把崔群的这种情怀视为一种虚妄。

通过这个故事，我们可以对崔群的品性有一定的了解，这时再看白居易的这句"因官识面，因事知心"，也就心中了然了。白居易通过崔群的所作所为，得知他的高尚是真实的而非伪装的，这是白居易用平静、坦然的心态观察官场多年的结果。他和大多数人识面而交，和崔群却是"因事知心"，可见白居易对崔群人品的认可，也间接反映了白居易洞察人心的能力。

公元 833 年，崔玄亮突然传来死讯，白居易深为痛悼，他曾写道："平生定交取人窄，屈指相知唯五人"[2]，这五人就是元稹、李建、刘禹

---

[1] 出自《孟子·尽心上》。

[2] 见白居易《感旧》。

锡、崔玄亮和他本人，为此，白居易写了《哭崔常侍晦叔》：

> 顽贱一拳石，精珍百炼金。
>
> 名价既相远，交分何其深。
>
> 中诚一以合，外物不能侵。
>
> 逶迤二十年，与世同浮沉。
>
> 晚有退闲约，白首归云林。
>
> 垂老忽相失，悲哉口语心。
>
> 春日嵩高阳，秋夜清洛阴。
>
> 丘园共谁卜，山水共谁寻。
>
> 风月共谁赏，诗篇共谁吟。
>
> 花开共谁看，酒熟共谁斟。
>
> 惠死庄杜口，钟殁师废琴。
>
> 道理使之然，从古非独今。
>
> 吾道自此孤，我情安可任。
>
> 唯将病眼泪，一洒秋风襟。

　　白居易在诗中表明了二人之间的友谊是如何形成的。二人相交，主打一个"诚"字，二人都是表里如一的纯正，都有不为外物入侵的坚定，这让他们惺惺相惜。而随着崔玄亮的离去，他们之前约定的共寻山水的情志也就戛然而止了，就像庄子失去了惠子、伯牙失去了子期一样。一句"吾道自此孤，我情安可任"，道出了白居易接二连三失去挚友的悲凉和无奈，这样的诗句，读之令人潸然。

　　不久以后，和白居易进士同年的杜元颖突然病故。接二连三的死讯传来，让白居易觉得死神也快来找他了："同岁崔何在，同年杜又无，应无藏避处，只有且欢娱"[1]。白居易觉得，如果死亡就在不久的将来，自己躲无可躲，藏无可藏，还不如争分夺秒享受生活。

---

[1] 见白居易《七年元日对酒五首》。

此时，他的挚友只剩下了刘禹锡一人。刘禹锡和白居易同年，他活到了七十一岁，比白居易早走了四年。随时准备死神来找他的白居易，写下了他的晚年计划——《秋日与张宾客、舒著作同游龙门，醉中狂歌，凡二百三十八字》：

秋天高高秋光清，秋风袅袅秋虫鸣。
嵩峰余霞锦绮卷，伊水细浪鳞甲生。
洛阳闲客知无数，少出游山多在城。
商岭老人自追逐，蓬丘逸士相逢迎。
南出鼎门十八里，庄店逦迤桥道平。
不寒不热好时节，鞍马稳快衣衫轻。
并辔踟蹰下西岸，扣舷容与绕中汀。
开怀旷达无所系，触目胜绝不可名。
荷衰欲黄荇犹绿，鱼乐自跃鸥不惊。
翠藻蔓长孔雀尾，彩船橹急寒雁声。
家酝一壶白玉液，野花数把黄金英。
昼游四看西日暮，夜话三及东方明。
暂停杯箸辍吟咏，我有狂言君试听。
丈夫一生有二志，兼济独善难得并。
不能救疗生民病，即须先濯尘土缨。
况吾头白眼已暗，终日戚促何所成。
不如展眉开口笑，龙门醉卧香山行。

随着朋友们的离去，白居易开始接二连三地为他人写祭文。祭文往往是对一个刚刚逝去的生命一生的总结，这个评价体系应该如何架构呢？一个人的一生，如果按照固定的模式去写，似乎除了他在仕途上的成就和名声，一生中的其他内容，无论多么丰富有趣，都没有记叙的必要。

在为别人作总结的时候，白居易不免开始审视自己这一生，究竟实现了怎样的人生意义。他说："丈夫一生有二志，兼济独善难得并。不能救疗生民病，即须先濯尘土缨。况吾头白眼已暗，终日戚促何所成。不如展眉开口笑，龙门醉卧香山行"。

他在圣贤书中得到的感动、也欲为之献身的理想已经不复存在，他原以为自己走上了"救疗生民病"的道路，却发现他所有的力量，都是用来濯去冠缨上的尘土，最后老无所成。但是他早已放过了自己，他选择了"展眉开口笑，醉卧香山行"。

02

在这每天练习"展眉开口笑"的岁月里，白居易偶尔还是会想起那些再也不能见面的老友，饮酒时想起无人共饮，他开始不能自抑地感伤："尊里看无色，杯中动有光，自君抛我去，此物共谁尝"[1]，"并失鸩鸾侣，空留麋鹿身。只应嵩洛下，长作独游人。长夜君先去，残年我几何。秋风满衫泪，泉下故人多"[2]，"君埋泉下泥销骨，我寄人间雪满头"[3]，诗中这种阴阳永隔的孤苦感，读后令人心头为之一紧。

白居易饮酒的兴致再也不如从前，他感觉人间只剩下自己，而泉下的故人们却都团聚了，不知道他们是不是已经开始组局畅饮了。既然喝酒没意思，他就在自家的池塘边发呆，"池边更无事，看补采莲船"[4]，这似乎触动了他内心深处的某些记忆：

《池上》

小娃撑小艇，偷采白莲回。

[1] 见白居易《尝新酒忆晦叔二首》。
[2] 见白居易《微之敦诗晦叔相次长逝，岿然自伤，因成二绝》。
[3] 见白居易《梦微之》。
[4] 见白居易《池边》。

不解藏踪迹，浮萍一道开。

　　这首每一个咿呀学语的儿童都会念的唐诗，竟然是白居易在接近古稀之年时写的。他已经好久没有想起湘灵了，自从江州一别，他以为自己已经放下了，从此做自己的本分之事，过自己的风流人生，那个年轻时候撕心裂肺爱过的人，那个从生命最初的风景里走来的佳人，经过几十年的风霜洗礼，经过多少次的残酷剥离，最终只会在心中偶尔泛起涟漪，仿佛是沙漠中的海市蜃楼。

　　少年不得之人，终将困其一生。白居易因为这个女子的出现，平添了无数的烦恼，却也解开了许多常人难解的困惑。他看到了世人看不到的不平，萌生了许多先知先觉的想法。在他生命的后半程，湘灵虽然淡出了，他不提了，不写了，也不再因她而情绪失控，但是就在他走入风烛残年，一个人孤独地回想这一生中最难忘的画面时，那个邻家的采莲女、少年时代的"白月光"，依然会毫无防备地闯进来。

　　湘灵如今怎么样了？江州一别，白居易就再也没有打听过她的消息吗？白居易没有写。他最后一次含蓄地写到湘灵，是他重回下邽时期，有诗云："野店东头花落处，一条流水号罗敷。芳魂艳骨知何处，春草茫茫墓亦无"[1]。

　　罗敷，乐府诗《陌上桑》中的女主人公，无数男人梦中情人的代名词，和湘灵一样，都代表着古代的超级神女、美女。他们在一起的日子，山山水水都会有一个别样的名字。在一个暮春时节，白居易故地重游，看到那条载着落花、流淌不息的小河，想起了他生命中的罗敷女，一瞬间，他觉得自己过往的所有春天仿佛都被带走了。

　　"芳魂艳骨知何处，春草茫茫墓亦无"，想必，湘灵也离开人间了。可是，白居易不知道她的墓在哪里。他们活着的时候只能短暂地相爱，然后经历漫长的分别，到了与人世告别的时候，却连好好道别的机会都没有。这到底是缘深，还是缘浅？白居易没有再提她的名字，只能装成

[1]　见白居易《罗敷水》。

咏史的样子，为这段人生中最隐秘的感情谱写一首终曲。

这个时候的白居易，热衷于创作一些曲词。不同于诗，曲词多用于宫廷和士大夫的宴饮娱乐，曲调缠绵悱恻，可以放松他们平日一本正经紧绷的神经。人们可以借平时写诗积累的格律经验为曲子填词，填词的内容要符合乐曲旋律的基调。所以说，通过曲词来表达男女恋情最合适不过，而这正是白居易所擅长的。

杭州之后，白居易便注意到这种曲词创作的空白，开始贡献自己的原创作品。这种词调在唐朝还属于发生期，当时的士大夫们热衷于在诗的领域赢得生前身后名，至于词，那是需要点不务正业的勇气才肯沾染的，而白居易最不缺的，就是不务正业的勇气，我们看他这个时期创作的《杂曲歌辞·浪淘沙》：

一泊沙来一泊去，一重浪灭一重生。
相搅相淘无歇日，会交山海一时平。

白浪茫茫与海连，平沙浩浩四无边。
暮去朝来淘不住，遂令东海变桑田。

青草湖中万里程，黄梅雨里一人行。
愁见滩头夜泊处，风翻暗浪打船声。

借问江潮与海水，何似君情与妾心。
相恨不如潮有信，相思始觉海非深。

海底飞尘终有日，山头化石岂无时。
谁道小郎抛小妇，船头一去没回期。

随波逐浪到天涯，迁客西还有几家。

却到帝乡重富贵，请君莫忘浪淘沙。

　　这组"浪淘沙"，就像一个剪辑精美的微电影，白居易还是用他最擅长的空镜头，将故事浓缩在一种大美不言的景色里。"一泊沙来一泊去，一重浪灭一重生"，时光里的人，被情感、俸禄、官位、梦想等纠缠和束缚，但是时光却仿佛浑然不觉，照样是活着的人重复同样的故事，死去的人带走相似的遗憾。如此这般，人来人往，暂时的平静永远无法替代那永恒的潮汐。就这样，白居易开始了故事的讲述。

　　时间就像这茫茫白浪，暮去朝来，每一个浪花都十分相似，却又绝不雷同，循环往复间，让东海变成桑田。这世间的一切都有源头和归期，不论是海底飞尘，还是山头化石。可是一个小郎告别了一个小妇，说好了再见，却再也没有回来。《长恨歌》中的"此恨绵绵无绝期"，可见就是白居易真实的生命体验。他无论是书写别人的故事，还是自己抒怀，都反反复复交代这种被漫长离恨折磨的痛苦。他曾在无数个辗转难眠的日子里，数着这没有尽头的恨意，就像是被关入了深深的牢笼。

　　有一点值得注意，这个时候的白居易回忆起年轻时的故事，不是小娃，就是小郎、小妇。那是一个人在风烛残年时回首往事，感觉到的一种生命的距离，是隔着几十年的光阴和沧桑面对回忆的时光景深。

　　接下来，白居易再一次书写他相似的经历，那种具体的、无法表达的情绪积累，让人见识到，和人那无从把握的感情相比，潮水比人更有诚信，海洋和人心相比，也并不算深。情到深处，才是无底深渊。

　　在下一首中，白居易应该是随着那个小郎的身影去了帝都，小郎没有回到小妇身边，他干什么去了？他获得自己梦想的前程了吗？没有，他仿佛误入了一座幽深的迷宫，"青草湖中万里程，黄梅雨里一人行。愁见滩头夜泊处，风翻暗浪打船声"。这是白居易一生的几个剪影，羁旅漂泊的日子，无非就是这几重身影。

　　在上一首里，羁旅中的剪影还算诗意浪漫，可是在这剪影中行走的人啊，不过是被迫不断放逐，他的脚步再也不由自己决定，而那个苦苦等候的小妇，也只能唱着"却到帝乡重富贵，请君莫忘浪淘沙"。不重富贵又如何？没有忘记又如何？回不去的人不一定就是贪慕富贵，假如真的能做到贪慕富贵，或许世间的道路就不会如此艰险，灵魂也不会如此挣扎。

这就是白居易一生的缩影。

人生固然有很多高尚的、不朽的追求，但对于白居易来说，他精神的故乡，就在这一句妇人的嘱托"请君莫忘浪淘沙"里。虽然他的人生到六十岁才进入生死相隔的季节，殊不知，他的整个人生，始终都在面对各种离别。自从故事里的"谁道小郎抛小妇，船头一去没回期"在自己的生命中上演，白居易就一直是一个不曾"回家"的浪子。

白居易晚年放妓卖马，三编白氏文集。讲究了一辈子仪式感的白居易，和每一个世间相逢相知的人深情道别，除了他的湘灵。也正是因为失去过湘灵，他才成为一个真正懂得珍惜的人，往后的日子里，他都真正地活在当下，狠狠地爱着每一个眼前人。只要有机会，他便和他们通信、告白，说着温暖的话，温暖到竭尽所能，不留遗憾。

他活到了七十五岁高龄，这在唐朝是非常罕见的高寿。公元 846 年 8 月，白居易与世长辞，11 月，葬于龙门山。河南尹卢贞刻白居易《醉吟先生传》于石，立于墓前。唐宣宗大中三年（849）秋，李商隐为白居易撰墓志铭，已提任宰相的白敏中从宣宗那里请得谥号——"文"，唐宣宗写《吊白居易》诗悼念：

> 缀玉联珠六十年，谁教冥路作诗仙。
> 浮云不系名居易，造化无为字乐天。
> 童子解吟长恨曲，胡儿能唱琵琶篇。
> 文章已满行人耳，一度思卿一怆然。

他是缀玉联珠的白居易，他是浮云不系的白乐天，他是受众群体、年龄、地域、阶层跨度最大的诗人，他的作品征服的不仅是大中三年行走在大唐江山里的人，还有后世无数个不愿意被时代的名利巨浪裹挟着过一生的人。白居易在追逐富贵与功名的路上，不是佼佼者，甚至是自我淘汰者，但白居易用一生的探索证明了一种可能，勇敢地活出了自己，最后，连帝王都羡慕他。

03

俯瞰历史的脉络，白居易刚好出生在古典中国走向近代中国的黎明破晓前。而从古典向近代曲折过渡的结果，在历史上的表现，就是历史学家们常说的唐宋之别。

对于唐宋之别的特征，有各种各样的表述，而唐宋之别的本质在哪里，也是百家争鸣，各有说辞。

作者认为，"安史之乱"的唐代，是中国的道学和文学从一体到分野的形成时期。以此为开端，文学中国形成了宋代士大夫文化，两汉经学的余脉逐渐和中央集权的需要相结合，宋明理学的统治地位开始确立。而白居易的出生时间、他的天性，以及他特殊的出身和经历，让他在短暂的一生中，完整地预演了这场注定发生的时代变革。他对尚未成形的道学中国有着未卜先知般的勘破，对人生何以为重的追问贯穿生命始终。最终，他在儒家教育体系价值语境下，实现了自我意志的挣脱，完成了取其精华去其糟粕的融合。他上承陶渊明，下启苏东坡，甚至直到王阳明、李贽的时代。他的很多思想和行为，并不显得孤独。

先看白居易《对酒五首》中的前两首：

巧拙贤愚相是非，何如一醉尽忘机。
君知天地中宽窄，雕鹗鸾皇各自飞。

蜗牛角上争何事，石火光中寄此身。

随富随贫且欢乐，不开口笑是痴人。

这两首诗读来多么熟悉，我们马上可以联想到苏轼的"蜗角虚名，蝇头微利，算来著甚干忙。事皆前定，谁弱又谁强。且趁闲身未老，尽放我、些子疏狂。百年里，浑教是醉，三万六千场"[1]，以及"浮名浮利，虚苦劳神。叹隙中驹，石中火，梦中身"[2]。

再看《适意二首》（其一）：

> 十年为旅客，常有饥寒愁。
> 三年作谏官，复多尸素羞。
> 有酒不暇饮，有山不得游。
> 岂无平生志，拘牵不自由。
> 一朝归渭上，泛如不系舟。
> 置心世事外，无喜亦无忧。
> 终日一蔬食，终年一布裘。
> 寒来弥懒放，数日一梳头。
> 朝睡足始起，夜酌醉即休。
> 人心不过适，适外复何求。

"一朝归渭上，泛如不系舟"一句，会让人想到苏轼《自题金山画像》中的"心似已灰之木，身如不系之舟"。

再看《闲卧》：

> 薄食当斋戒，散班同隐沦。
> 佛容为弟子，天许作闲人。
> 唯置床临水，都无物近身。

[1] 见苏轼《满庭芳》。
[2] 见苏轼《行香子》。

清风散发卧，兼不要纱巾。

　　做个闲人，更是苏轼一辈子的口头禅："且陶陶、乐尽天真。几时归去，作个闲人。对一张琴，一壶酒，一溪云"[1]。

　　苏轼一路贬谪后治愈了所有人的那句"此心安处是吾乡"，白居易在几次辗转中早已悟出了法门："我生本无乡，心安是归处"（《初出城留别》），"无论海角与天涯，大抵心安即是家"（《种桃杏》）。

　　白居易在被贬江州时写了一首《自诲》，全文如下：

乐天乐天，来与汝言。汝宜拳拳，终身行焉。

物有万类，锢人如锁。事有万感，蒸人如火。

万类递来，锁汝形骸。使汝未老，形枯如柴。

万感递至，火汝心怀。使汝未死，心化为灰。

乐天乐天，可不大哀，汝胡不惩往而念来。

人生百岁七十稀，设使与汝七十期。

汝今年已四十四，却后二十六年能几时。

汝不思二十五六年来事，疾速倏忽如一寐。

往日来日皆瞥然，胡为自苦于其间。

乐天乐天，可不大哀。而今而后，汝宜饥而食，渴而饮；

昼而兴，夜而寝；无浪喜，无妄忧；病则卧，死则休。

此中是汝家，此中是汝乡，汝何舍此而去，自取其遑遑。

遑遑兮欲安往哉，乐天乐天归去来。

　　这首诗通篇流露的都是苏轼"人生如梦"、"世事一场大梦"的感悟，而白居易提出的对抗逆境的方法——"汝宜饥而食，渴而饮；昼而兴，夜而寝；无浪喜，无妄忧；病则卧，死则休"，更成为苏轼"日啖荔枝

[1]　见苏轼《行香子》。

三百颗，不辞长作岭南人"[1]、"报道先生春睡美，道人轻打五更钟"[2]的人生引领。

苏轼将白居易"此中是汝家，此中是汝乡"的精神发挥得淋漓尽致，甚至扩大到认为整个宇宙自然都是自己的港湾，"惟江上之清风，与山间之明月，耳得之而为声，目遇之而成色，取之无禁，用之不竭，是造物者之无尽藏也，而吾与子之所共适"[3]，学到了"活在当下"的真谛。

李泽厚在《美的历程》中这样解读苏东坡：

> 正是这种对人生整体的空幻、悔悟、淡漠感，求超脱而未能，欲排遣反戏辱，使苏轼奉儒家而出入佛老，谈世事而颇作玄思。于是，行云流水，初无定质，嬉笑怒骂，皆成文章。他在美学上追求一种朴质无华、平淡自然的情趣韵味，一种退避社会、厌弃世间的人生理想和生活态度，反对矫揉造作和装饰雕琢，把这一切提到某种透彻了悟的哲理高度。无怪乎古今诗人中，就只有陶潜最合苏轼的标准，只有"采菊东篱下，悠然见南山"、"此中有真意，欲辨已忘言"的陶渊明，才是苏轼所愿顶礼膜拜的对象。
>
> "人生到处知何似？应似飞鸿踏雪泥：泥上偶然留指爪，鸿飞那复计东西"，苏轼所传达的就是这种携带某种禅意玄思的人生偶然的感喟。尽管苏轼不断地进行自我安慰，时时出现一副随遇而安的"乐观"情绪，"莫听穿林打叶声，何妨吟啸且徐行"，"鬓微霜，又何妨"……但与陶渊明、白居易等人毕竟不同，其中总深深地埋藏着某种要求彻底解脱的出世意念。

读罢白居易这一生的作品，就会发现，苏东坡这种要求彻底解脱的出世愿望，在白居易身上就已经有了。

---

[1] 见苏轼《惠州一绝》。

[2] 见苏轼《纵笔》。

[3] 见苏轼《赤壁赋》。

苏东坡"以情为本"的学说，似乎也可以概括为"情本论"。所谓"情本论"，即以人类的情感为本体，为本源，而理则为情的体用，是对情的概括。因此，大千世界中不断发展的情，可以不断创造发展而成为千千万万不同的理。理是规则、规范，情不断丰富发展，理就需要不断适应、不断发展。情是生活实践，理是规范生活实践的理论和法则。理的色彩总是单调的，只有有情的生活才会郁郁葱葱。对应文学中国与道学中国的关系，文学中国的哲学表达方式，即是情，理则为道学中国的哲学表达方式。因此，唐宋时期的道学，其前身为经学，后继则为理学。

以情为本，而情为人性之自然表现，则人们必然走向纯粹自然的自由。相反，以理为本，则人们必然处于前代圣贤的法则约束之中。因此，苏东坡凭借其"情本"思想，成为晚明时期思想解放浪潮的先驱。

苏轼是晚明思想解放的先驱，而白居易为何能够先于整个时代，在唐宋之变的前夜，在"情本论"尚未形成之时，就成为"情本主义"的坚定践行者？排除时代、出身、家庭等因素，最为关键的原因是，白居易的个人情感经历，已经可以构成一种哲学意义上的"爱情事件"。

白居易的《长恨歌》《琵琶行》，是借着别人的故事，流着自己的眼泪。然而，难得的是，白居易除了留下这些有想象空间的、可以多维度阐释的作品，还留下了大量直截了当的、明目张胆的、指名道姓的情诗。仅凭这一点，他就是了不起的白居易，当然，他也因此成为传播史里不能露全脸的白居易。

从白居易彻底地经验情、因情事而引发事件、因事件而引发一个人的孤独革命，到苏轼在道学日益收紧的束缚下力求挣脱，中国古人才在哲学阐释上扩展了情的内涵和外延。到苏轼的"情本论"时，"情"已不仅是可以引发生命洞开的情感，是此时此刻的全部情态，更是事物随物赋形、时刻变化的运行之法。

晚明时期，"至情"观念出现，情又回到了《金瓶梅》里的云霞满纸、《红楼梦》里的大旨谈情。有人提出，情具有迷惑和省悟的双重性，超越诱惑的唯一办法就是向它让步，并且彻底地经验它。这成为一种新的时代思潮。

在对待爱情的问题上，中国人很少进行直面的、哲学的思辨，以上的总结便是要领。正因为爱情这个话题一直没有引起中国人在思辨层面上的重视，才使得我们对中国文化史、中国思想史，乃至中国人心灵成长史的解读，缺少一重关键的视角。

有关爱情话题的禁忌为何会产生？这也是一个值得探讨的话题。从白居易的实际案例出发，便可反向理解儒家正统思想一定要让男女婚恋维持在既定秩序中的必要性。因为一旦发生了禁忌的恋情，儒家建立的价值体系就会出现崩塌，一旦爱情引发了个人和他者的双重发现，原有的价值追寻——修身齐家治国平天下[1]——就不再成立，至少不会占据一个人的全部。

爱情会产生两种语言，依恋的语言和自由的语言，而儒家语境下的读书人，只能和帝王产生比兴似的依恋关系，至于自由则无从谈起——连君主自己都只有在堕落中才能贪恋片刻脱轨的自由。

由于儒家追求表面上的得体，给人立的规矩和标准又基本上只适合人去追求做圣贤，所以其对于性的话题是表面禁忌，实质放纵。可是对于爱的禁忌，则是毫不放松。因为爱需要"真"做基础，有真才有情。爱也不需要权威的允许、秩序的承认，只要爱了，爱就必然发生。《牡丹亭》的"情不知所起，一往而深"，《红楼梦》的"天下古今第一淫人"[2]，就是在回答爱的产生是否需要秩序允许的问题。

而白居易就是在这样一个孤独的时代、孤零零地体验这条先验之路的诗人。因为爱而不得的隔绝，白居易的生命一直燃烧着梦幻般的火花。由此促成的永恒性，则成为他生命中的"此恨绵绵无绝期"，也成为他诗歌创作的生命引擎。最后，甚至他的这位爱人都成为一种意象和比喻，超越了具体，化作一个永远的幻影、永恒的秘密。我们的研究，就是要破解这个秘密，让这种升华为艺术的、泛指的灵感还原为真实的人生经

[1] 出自《礼记·大学》。
[2] 出自《红楼梦》第五回，是警幻仙姑对贾宝玉的评价。

历，将艺术世界里朦胧梦幻的意象还原为人性里真实的样子。

也许，这样的白居易仍然是当今这个时代需要回避的，人们情愿看见的只是浮在海面上的冰山一角。

然而，道学海平面下的那个部分，才是白居易留给世界、留给中国的真正宝藏。